たのしめてるか。

水谷 尚人
池田 タツ

湘南ベルマーレ 2020
フロントの戦い 問われる真価

SANNO BOOKS

第1章

浮嶋新体制の始動

揺れるチーム

２０１９年、浮嶋敏は湘南ベルマーレのアカデミーダイレクターと、湘南ベルマーレU－18の監督を務めていた。通常の業務では、トップチームとの関わりは、ほとんどない。普段はトップチームの練習はあまり見に行かないが、チームがパワハラ（パワーハラスメント）問題で揺れている間は、何度も練習を見に行った。自宅で自主的な謹慎をしていた曺貴裁の家にも、何度も足を運んで会いに行っていた。ずっと家にこもっていて現場のことがわからない曺に、浮嶋は選手の状況などをつぶさに伝えていた。浮嶋にとって曺は、長年一緒にベルマーレを強くしてきた相方であり、盟友だ。それは曺からしても同じである。

だからこそ、曺の状態が心配で仕方がなかった。トップチームの状況や選手の状況を伝えるというよりも、曺の顔が見たいという気持ちのほうが強かったのかもしれない。

浮嶋の目には、トップチームの状態は動揺しているように映った。パワハラの調査対象になっていることよりも、あまりの報道の多さと、これからチームがどうなってしまうのかという不安のほうが大きいようだった。

練習自体はいつもどおり行われていたが、選手たちの精神状態は、報道が増えれば増えるほど、心が乱されているのが見て取れた。試合からも、落ち着きが保てなくなっているのは明らかだった。それでも練習では、選手もコーチたちも「修正していこう」と前向きに取り組んでいた。

クラブ側が想定していたよりも裁定が出るまでに時間がかかっていた。長引けば長引くほど、憶測の報道は加熱した。曺とベルマーレからすれば、不本意な報道も1つや2つではなかった。

浮嶋は曺本人から、報道を見て心を痛めていることも聞いていた。パワハラと受け取られても仕方がない部分もあれば、事実と異なる部分もあったとは思われるが、曺が何かを口にすれば、言い訳として取られてしまう可能性があった。

裁定が出るまでは、自分が曺の言葉に耳を傾けるしかないと、浮嶋は考えていた。曺が外に向けて発信することは、さらなる混乱を生む可能性もあった。そもそも、どんな人間であっても、ずっと家に閉じこもっていなければならないというのは過酷な状況だ。だからこそ浮嶋は何度も曺の家へと向かい、彼の話に耳を傾けた。謹慎中、他の人間も曺の家を訪れたが、一番多く足を運んだのは浮嶋だった。

浮嶋敏のもとにトップチームの監督のオファーがあったのは、10月6日の第28節川崎フロンターレ戦の直後だった。クラブは時間を置かず、10日に浮嶋の監督就任を発表した。

話を聞いた時には、このタイミングで受けるのは自分のキャパシティを超えたものだと思っていた。浮嶋の中で気持ちの整理はまったくついていなかった。それでも、この状況で湘南ベルマーレのことをわかっていて、状況も含め監督をできるのは他にいないと頼まれ、悩んだ末に引き受けることにした。

社長の水谷の考えは、「今のチーム状況、選手の特性とクラブの方向性、またクラブの状況、すべてを理解しているのは浮嶋しかいない」というものだった。

その考えをGMとなる関口潔から伝えられた浮嶋は、引き受けたものの「この混沌とした状況の中、実際自分に何ができるのだろうか……」という思いが頭を巡った。トップチームの監督としてやれる自信があるとかないとか、そういうことさえもわからなかった。それでも、自分が引き受けるしかないという使命のようなものを感じていた。よい結果、悪い結果、どちらが出ても、これは自分の使命なのだ。そう納得せざるを得なかった。

実は浮嶋は、最初は監督のオファーを断っていた。高橋健二コーチが監督に昇格する形か、外部から新しい監督を連れてくるのも一つの手ではないかと思っていたからだ。特にコーチの高橋には、あくまで代理という形で監督の仕事をする難しさがあった。高橋が監督というポジションにきちんとついて指揮を執ればもっとやりやすくなるし、チームがよい方向に行く可能性もあるのではないかと考えていた。

それでも社長水谷の考えは変わらず、浮嶋を説得する形で監督就任が決まった。浮嶋は、監督就任にあたり、クラブに1つだけ条件を出した。

「私が監督を引き受けて眞壁会長と水谷社長がこのクラブを辞めていくなら、私は引き受けることはできない」

クラブを立て直すためには、彼ら2人を失った状態では不可能だと思っていた。浮嶋にとって、眞壁会長と水谷社長の存在は譲れない条件だった。

浮嶋敏監督就任

浮嶋にとって、トップチームの監督を務めるのは初めての経験だった。2009年に湘南ベルマーレでトップチームのコーチを務めた経験はある。しかしながら、このような混沌とした状況での監督就任は、トップチームでの監督経験がない者にとっては極めて負担が大きい。

浮嶋はまず、状況把握から入った。チームとしてどのような方向性で戦いたいのか。選手一人ひとりがどのような方向性で戦いたいと思っているのか。

こうしたことは、外から見ているだけではわからなかった。曺貴裁からは何度も方向性についての話を聞いていたが、選手やコーチングスタッフの意見に耳を傾ける機会はなかった。そのため、まずは彼らから直接話を聞く必要があった。そうしない限り、チームの方向性を見出すのは難しい。浮嶋はとにかく時間をかけて、選手一人ずつと対話していった。

浮嶋が実際に現場に立ったのは10月10日からだった。次戦の横浜F・マリノス戦は19日。幸いにも、1週間以上の猶予があるタイミングだった。

直前の川崎フロンターレ戦と清水エスパルス戦の内容について、選手たちはどう思っていたのか話を聞いた。浮嶋はこの2試合で、プレッシングの強さ、切り替えの早さ、球際の強さの3つが明らかに失われていると感じていた。だから、どこまでこれらを回復させられるのか、選手たちの意見を一人ひとり聞いて回った。

川崎フロンターレ戦では、相手の鬼木達監督からも「最初の15分はいつものベルマーレだったが、その後パタッと足が止まった」と指摘されていた。特に失点直後からの落ち方は急激だった。選手たちの集中力が90分間持続しない。

各選手と話してみても、精神的疲労が色濃く出ていた。集中力が続きようもない精神状態だったことが見て取れた。「頭で考えていることと体が同期していない」と話す選手もいた。

選手たちがこの精神状態では、ハイプレスをしても90分間維持できる確信が持てなかった。最終的にはそれができる精神状態にならなければ、この年の残留は難しい。そう、浮嶋は考えていた。

まずは次の横浜F・マリノス戦は、新しい気持ちでピッチに臨むこと、ベルマーレらしくサッカーを楽しんで試合に臨むことを重視した。浮嶋はそこを目標にトレーニングを行っていった。

残留争いの中で楽しむというのは難しいことだ。しかし、チームが混乱で揺れている間は、サッカーを純粋に楽しく感じる余裕がなかったため、とにかくそれを思い出してほしかった。1週間をかけて、選手たちも少しずつ「浮嶋監督のもとで新しく出発するんだ」という気持ちに切り替わっていった。

相手の横浜F・マリノスは、この年のチャンピオンになるチームだ。成績はもちろん、試合データを見てもリーグ内で圧倒的な存在だった。

対して湘南ベルマーレは、残留に向けて1ポイントでも勝点を積んで行かなければいけない状況だった。しかしこの試合ばかりは、先の川崎フロンターレ戦、清水エスパルス戦のような大敗をしなければよいだろうという、現実的な気持ちもあった。結果も大事だが、とにかくこの試合は、チームにとって足がかりとなる試合だというものを示す必要があった。それは選手にも、サポーターに対しても、だ。

横浜F・マリノス戦当日、試合前の選手たちがかなり緊張しているのが見て取れた。相手が強いということもあるが、この試合で自分たちの状態が上向きになっていなかったら、というプレッシャーもあったのかもしれない。

試合開始直後に決定的な大ピンチが訪れたが、鈴木冬一が間一髪でクリア。あのシーンでもし失点していたら、一方的な負け試合になっていたかもしれない。90分を通して3失点を喫したものの、試合終了間際のアディショナルタイムに山崎凌吾がリーグ戦3試合ぶりのゴールをあげて、ベルマーレはまだ死んでいないことを強烈に印象づけた。

それでもベルマーレの連敗は止まらない。続く第30節のガンバ大阪戦は0－3で敗れ、第31節のセレッソ大阪戦は0－1で敗れた。浮嶋が監督に就任してからも成績は振るわず、3戦全敗となった。

だがデータには、チームの状態が上を向いていることが表れていた。横浜F・マリノス戦は、川崎フロンターレ戦、清水エスパルス戦と比べても走行距離とスプリント回数が大幅に向上していた。ガンバ大阪戦はシュート数で相手を上回っていた。

浮嶋はデータを選手に見せながら、いかにチーム状態が上向いてきているかを説明した。

振り返ってみると、セレッソ大阪戦はターニングポイントとも呼べる試合内容で、選手たちの気持ちもネガティブマインドから脱しており、勝ってもおかしくない試合だった。負けたとはいえ、試合後も選手たちの表情は今までとは違い、手応えを口にしていた。

毎試合一歩一歩、着実にチーム状態は回復していた。試合には敗れても、選手たちが「戦えていた」と感じていたか、そうではなかったのかは、大きな違いである。

試合を振り返って、得点だけ負けたと思える時は、同じ負けでもダメージは大きくない。浮嶋が就任するまでは、根本的なところで相手と戦えていなかったし、「相手のほうが強くて勝負にならない」というように捉えている選手もいた。セレッソ大阪戦の負けは、そうした「負け」とは大きく異なっていた。

迎えた32節のＦＣ東京戦は、アウェイで大雨が降りしきる中の試合だったが、ベルマーレは前半36分に山田直輝のパスから松田天馬がねじ込んで先制する。優勝争い真っ只中で首位を走るＦＣ東京は、圧力を強めて攻めてきたが、ベルマーレも体を張って守っていた。

しかし、終了間際のアディショナルタイム94分。セカンドボールを森重真人がボレーで合わせると、ゴールキーパーの手前でワンバウンドし、それがポストに当たってゴールマウスに吸い込まれた。浮嶋体制の初勝利、クラブとして10試合ぶりの勝利が目前で絶たれた瞬間だった。

ポストに当たったり、相手の足に当たったりしたボールがゴールに入る――そんな不運なゴールの確率は、統計的にはちょうど50％だという説がある。ゴールに入ってもおかしくないし、入らなくてもおかしくない。それを決めるのは、サッカーの神様みたいなものかもしれない。

森重のシュートはポストに当たって、無慈悲にもベルマーレのゴールに吸い込まれた。浮嶋はその瞬間「ああ、まだサッカーの神様に振り向いてもらえないのか」と感じていた。

勝ち点3が取れなかったとはいえ、首位ＦＣ東京相手に多くの時間でリードしていたこと、内容面でもＦＣ東京を上回る部分が多く出せたこと、それらはセレッソ大阪戦で感じた自信を継続させるには十分だった。

セレッソ大阪戦、ＦＣ東京戦ともに、最終ラインは自信を持ってあげることができた。それでも長らく勝利から遠ざかっていると、最後の10分は勝利が欲しくて守りに入ってしまう。何度もピッチ脇から伝えても、選手たちはなかなかラインをあげられなかった。

浮嶋が就任してからの試合は、上位との対戦が続いたのも、なかなか勝ち点が取れない一つの要因だった。不幸は重なるように訪れ、大雨で練習場が水没してしまい、いつもの場所で練習できなくなってしまう事態もあった。

第33節サンフレッチェ広島戦は、負ければ16位以下が確定する試合となった。この試合はホーム最終戦ということもあり、１万２２３５人の観客がＢＭＷスタジアムに集まった。

スタジアムを埋めた湘南サポーターからは、これ以上ない声援が飛ぶ。最後まで諦めずに残留を信じるサポーターが多くいることは、選手たちを勇気づけた。

多くのサポーターが駆けつけたことで、サッカーの神様はようやく湘南ベルマーレに振り向いた。前半9分、山田直輝のクロスがサンフレッチェ広島の荒木隼人の足に当たり、サンフレッチェ広島のゴールに突き刺さるオウンゴールとなった。

相手の足に当たったり、ポストに当たったりして入るゴールは全ゴールの半分の5割だと前述したが、今度はそれが湘南にとって喜ばしいほうに転った。この結果が出たのも、選手たちが諦めずに戦い続けたからこそである。たとえ半分ずつの確率論だとしても、戦い続けるものにしか、そのチャンスは訪れない。

人間は自分のためだけに戦い続けることは難しい。しかし誰かのためであれば気持ちを強く持てる。どんなに過酷で混沌とした状況であっても、スタジアムを埋めたサポーターのために戦い続けることができたからこそのゴールと言ってよいだろう。

試合は一進一退の攻防だったが、アディショナルタイム5分もしっかり守り抜き、8月11日第22節のジュビロ磐田戦以来の勝利をものにした。

勝利の瞬間、多くのサポーターが泣き崩れ、ピッチに倒れ込む選手もいた。スタジアムにはベルマーレコールが鳴り響いた。湘南ベルマーレおなじみの勝利ダンスは、この日ホーム最終戦ということもあり、スタジアムに訪れていたU－18、U－15、ガールズの選手も加わり、まさにこのクラブの最大の強みである「一丸」を取り戻しての舞となった。

パワハラ問題に揺れた時期は選手間、スタッフ間でも疑心暗鬼が生まれていた。しかしこの日、湘南ベルマーレは最大の強みを取り戻した。

監督となって初勝利を飾った浮嶋だったが、誰よりも冷静だった。まだ残留が決まったわけではない。次節のリーグ戦最終戦、松本山雅ＦＣに勝利を収めれば残留できる可能性があるという状況を、選手たちに説明した。相手は奇しくも、今の湘南スタイルのベース構築に大きく貢献した、反町康治率いる松本山雅ＦＣだ。

浮嶋個人としては、ホーム最終戦、そしてリーグ最終戦にはさまざまな因縁があった。サンフレッチェ広島を率いる城福浩監督が監督1年目の時、当時富士通で選手としてプレーしていた浮嶋とは、選手と監督という関係だった。そして反町康治とは、反町が湘南ベルマーレで監督をしていた時、浮嶋はその隣でトップチームのコーチを務めていた。

すでに降格が決まっていた松本山雅ＦＣだったが、あの反町監督が手を抜くことはないと、誰よりも湘南ベルマーレが知っている。

監督としては一癖も二癖もある反町康治の手練手管を攻略できず、最終節は引き分けで終わった。この試合に勝たなければ、入れ替え戦に回ることは試合前から決定していた。16位でリーグ戦を終え、入れ替え戦でＪ２・４位の徳島ヴォルティスと、Ｊ１の座をかけて戦うこととなった。

入れ替え戦のスタジアムの雰囲気を、またも湘南サポーターが格別なものに仕上げてきた。浮嶋は試合前から、サポーターが作り出してくれた光景に涙を堪えるのが必死だった。今でも、あの光景を思い出すと涙が自然と浮かんでくる。

リーグ最終戦のアウェイの松本山雅ＦＣ戦にも、多くの湘南ベルマーレサポーターが駆けつけた。あまりの多さに、チケットを手に入れることができず、スタジアムの外で応援していたサポーターがいたほどだった。

それでも松本山雅ＦＣ戦は、試合終了間際のアディショナルタイムの失点で、勝利目前から勝ち点3がこぼれ落ちた。そんな勝ち点のこぼし方をしていても、スタジアムを埋め尽くすほどのサポーターが足を運んでくれたことに、試合前から感動の波が何度も押し寄せていた。これで戦う気持ちに火がつかないわけがない。選手も監督も、やるしかないという気持ちで一つになった。

入れ替え戦は、引き分けの場合Ｊ１チームの残留が決まるという特殊なレギュレーションになっている。しかし、引き分けでもいいという気持ちで試合に入ると、全体が引き気味になりすぎてしまう怖さがあった。

浮嶋は開始から先制点を狙っていくよう選手の意識を統一させた。また、たとえ1失点したとしても、徳島ヴォルティスはその1点を守るため、引いて守りを固めてくるという確信もあった。

先制したのは徳島ヴォルティスだった。徳島の1点リードで前半を折り返す。前述したように、浮嶋は後半に徳島が攻め出てくることはないと確信していた。彼らは1年間戦ってきた集大成として、全力をかけて守ってくる。2点目は狙ってこない。だから、徳島ヴォルティスの背後にスペースが生まれることはない。

丁寧に中央からつないでいくのではなく、アバウトでもいいから、徳島に生まれるペナルティエリアのサイドのスペースに早めにボールを入れていこうと指示した。浮嶋の分析で、徳島は守備時にペナルティエリアのサイドに若干スペースが生まれることを見抜いていた。そこに浮き玉のパスをアバウトでもいいから放り込み、前線の選手が走り込んで起点をつくる。そのプランは見事に的中した。

浮嶋はハーフタイムにベンチに引き上げてきた選手たちの様子を見て、彼らの緊張感が最大に高まっているのがわかった。いわゆる「ガチガチ」な状態だ。試合の入りから選手たちの動きは硬かったが、リードされた状態で迎えたハーフタイムは、よりその硬さが増していた。

浮嶋はここで難しい指示を出しても、選手たちは実行できないだろうと考えた。とにかくシンプルなやり方を示し、選手が実行しやすいことを優先させよう。

浮嶋の事前の徳島分析は、かなりの高解像度だった。それでも前半はなかなかうまくいかなかった。徳島も湘南をしっかり分析してきており、湘南のプレスのパターンを読み切っていた。

そのため、湘南はなかなかよい形で前からボールを奪えずにいた。失点シーンはセットプレーからやられたが、徳島があのやり方をすることは、浮嶋もわかっていた。

徳島はセットプレー時に、全員がペナルティエリア内と周辺に入ってくる。そのセットプレー対策は、試合前日に多くの時間を割いて練習していた。あの場面で折り返してくることもわかっていたが、それでもあの形になるとどうしようもなく、鈴木徳真のところがフリーになることもわかっていた。対策をしていただけに、悔しい失点だった。あらかじめわかっていたのにやられてしまうというのは、選手の硬さが大きな要因だったかも知れない。

選手たちの精神状態やスコア、時間帯、それによって選手が選択できるプレーの質は変わってくる。もちろん、超一流のプレーヤーはどんな状況でも常に安定したプレーができるのかもしれない。しかし、この日の湘南ベルマーレの選手たちは、前半は硬さが抜けず、ハーフタイムには緊張感が最大に高まってしまっているような状況だった。

この状況で、選手に「右か左か状況を見て判断しろ」などという高度な判断が伴う指示は得策ではない。自分たちができること、今の緊張状態でも深く考えずに愚直にできることで方向性をまとめるしかないと、浮嶋は作戦を決めた。

そんな浮嶋の作戦がはまったのが後半19分のゴールシーンだった。鈴木冬一は左サイドで切り返してボールをキープ。ロブで徳島のスペースにボールを放った。そこに流れてきたのは、山崎凌吾。得意の胸トラップから流れてクロス。クリスランが体を張ってつなぎ、最後は松田天馬が左足で流し込んだ。絡んだ全選手の得意なプレーがつながっていったゴールだった。

鈴木冬一のキープとロブ、山崎凌吾のスペースで受ける動きと胸トラップ、クリスランの体の強さ、そして、松田天馬のゴールセンス。どれもその選手の最も得意とするプレーが連続した。選手の状況と個性、試合の状況などを鑑みて全体を見事にデザインしたゴールは、浮嶋の手腕が光ったゴールといえるだろう。

追いついた湘南は、引き分けでも残留というレギュレーションを最大限に活かして、残りの時間を必死に守り抜いた。そして、アディショナルタイム6分19秒で試合終了のホイッスルが吹かれた。

入れ替え戦は1－1の引き分けに終わり、湘南ベルマーレはクラブ史上初めてとなる3季連続J1残留を果たした。長い長い、本当に長い2019シーズンが終わりを迎えた。

試合後の会見で浮嶋は「嬉しさより安堵のほうが大きい」と、プレッシャーから開放されたことを素直に吐露した。クラブ史上初めてとなる3年連続J1残留達成もまったく意識しておらず、試合後に人から告げられて初めて気づいたほどだった。「監督になってからは、私生活でもずっと潜水しているような息苦しさがあった」という。

監督に就任してからというもの、当然ながら普段の生活のすべてが変わってくる。家に帰っても、時間があれば次の対戦相手の試合を見続ける。私生活の時間はゼロに等しかった。トップチームでコーチを務めていたことはあったが、監督になると、自分で決めなければいけないことの多さを痛感した。一つひとつの試

試合後の浮嶋監督

合全てに残留がかかっていたため、とにかく時間をかけて考え続けた。

それが最後の最後で、なんとか残留に結びついた。改めてクラブの残留に浮嶋が果たした役割は大きい。この任務を浮嶋以外の誰が達成することができただろうか。

新シーズンに向けて

Ｊリーグは、11月の下旬から12月上旬の時点で来季の補強やキャンプについて決めなければならない。来季はＪ１なのかＪ２なのか、どこで戦うかがまだ決まる前のことだ。

スポーツダイレクターの坂本紘司から補強やキャンプの話をされても、浮嶋は目の前の試合に集中しすぎて、なかなか坂本の話を消化できなかった。今はこのクラブを残留させること以外は考えたくないし、考える余裕もなかった。

これまでアカデミーを請け負って、7年間、曺貴裁の隣でトップチームの監督の大変さを見てきたつもりだった。しかし、感覚値でいうと、その10倍は大変な仕事だということが、実際に監督をやってみてわかった。

曺はこれを7年間も続けてきたのかと思うと、想像を絶した。湘南ベルマーレの予算規模と戦力で常にJ1で戦うことを求められるのは、並大抵のことではない。だからこそ、翌年もベルマーレの監督を続けてほしいというクラブからのオファーに対して、浮嶋は少し時間を取って考えていた。

しかし、浮嶋は2019年を振り返り、何も自分らしさを出せていないことに気づいた。まずはチームを立て直すことだけに集中し、とにかく残留を果たすことだけに注力してきた。

このまま監督を辞めるより、シーズンの頭からチームを指揮して、浮嶋の自分らしさを出しながら、この湘南スタイルを前進させられないか。もしそれが自分にできるのなら、やってみたい。そう考えて、浮嶋は延長オファーを快諾した。

第2章

あのとき、何が起きていたのか

クラブに広がる動揺

２０１９年は、広報・遠藤さちえが湘南ベルマーレに来てから最もつらい１年になった。ベルマーレには今までに幾度となく大きな危機が訪れてきたが、そのたびにそれを乗り越えて、クラブとして力強くなってきた歴史がある。

１９９９年にはクラブが消滅してしまうのではないかという危機もあった。それでも、どん底から這い上がり、２０１８年にはルヴァンカップ優勝を果たし、Ｊ１でタイトルまで獲得した。

しかし、２０１９年に起きた曺貴裁前監督のパワハラ報道からのＪリーグの裁定は、今も消化しきれずに遠藤の心に残っている。それは、今まで湘南ベルマーレが紡いできたアイデンティティや歴史が揺らぎかねないものだった。

今までは、どんな問題に対してもみんなで力を合わせて乗り越えて来たベルマーレだが、今回は乗り越えるというタイプのものではない。このままずっと抱えていかなければならないものだと、遠藤は考える。

多くの選手が曺の元で成長し、曺への尊敬の賛辞は、Ｊリーグの裁定が下った後も止むことはない。それだけの指導者なのだ。

最終的なＪリーグの裁定に、遠藤は、自分やクラブの無力さを感じていた。湘南ベルマーレを、タイトルが取れるまでに成長させてきた大功労者である曺貴裁を守り切ることができなかった。

曺貴裁のパワハラ疑惑の記事がスポーツ紙で報じられてからというもの、報道が焚きつけるような形で、ことが大きくなっていった。報じられるたびにクラブは精一杯の対応をし、広報の遠藤も誠意を持ってメディアに対応し続けていた。しかしその努力も虚しく、クラブにとって、曺にとって、そして選手たちにとっても、最悪と呼ぶしかない結末になってしまった。

遠藤は今でも曺を尊敬している。そして、自分は結局、彼のために何もできなかったと自責の念に駆られている。ここまでクラブを引っ張って来てくれたからこそ、一番守りたい人だった。であるにもかかわらず、何かをすれば「クラブは隠蔽している」、「曺をかばっている」というふうに取られてしまうため、クラブは結局、大きなアクションを取ることはできなかった。

少し話が脱線するが、筆者の私が最も危惧しているのは、今回のJリーグの裁定の下し方である。A4版用紙18枚にわたって構成された報告書の内容が、不平等極まりないと感じられたからだ。

曺貴裁のパワハラと思われる言動に関しては劇場型にページ数を大きく割いて記される一方で、曺貴裁の弁明はごくわずかしか記載されていない。両論をきちんと併記しない形でミスリードしているのは明らかである。本来であれば曺貴裁の言い分も同じボリュームで記載されるべきではないか。

このようなものが今でも（2021年1月17日現在）インターネット上に公開されているのは、人権侵害や名誉毀損にあたる可能性はないのだろうか。

遠藤さちえに話を戻そう。遠藤は今まで多くのメディアと良好な関係を築いており、Ｊリーグの中でも屈指の名広報として知られている。しかし、曺貴裁のパワハラ疑惑の報じ方は、今まで築いてきたメディアとの関係を崩しかねないものだった。

ベルマーレは決して金銭的に恵まれたクラブではない。１９９９年の消滅危機の頃から清貧にやってきたクラブである。お金がないからこそ「人を信じること」を大事にしようというのがベルマーレの信条だ。

会長の眞壁潔も、社長の水谷尚人も、そして曺貴裁も、人を信じて尊重してやってきた人間たちだ。それこそが、ベルマーレが長年かけて築いてきた財産とも言える。

遠藤もメディアと協力しながら、助け合いながら、広報をやってきた。そうやって清貧に、懸命にやってきたクラブに対して、世間から誤解を招くような報道が相次いだ。

今までどんなに困難があっても人を信じてやってきたクラブと遠藤だが、今回の件で、一部のメディアは明らかに今までとは異なる態度で接してくることに、驚きと悲しみが止まらなかった。もちろん、クラブはこの一件について深く反省しなければならない。そして、その反省のもとでクラブ内の体制を変え、二度と同じことが起きないようにと全員で取り組んでいる。

しかし、昨日まであれだけ曺貴裁をすばらしい監督と報じてきた人が、いきなりパワハラありきの記事を書くようになっていた。遠藤は、自分が勝手に信じていただけなのかと深く落ち込んだ。

「湘南スタイル」を否定するのではなく

それでも遠藤は、選手たちの戦う姿に何度も勇気づけられた。選手たちもメディアにさらされ、選手同士も、信じたいのに信じられない状況になっていった。皆が人間不信に陥り、本当に苦しい状況が続いていた。

そんな中でも試合がやってきて、勝てなくてボロボロに負けた。しかしながら選手たちは、最後には自分たちの力で残留を果たした。チーム付きの広報として近くで選手を見続けてきた遠藤は、選手たちの奮闘に心が震えた。

遠藤は特に、キャプテンの大野和成のキャプテンシーに胸を打たれた。各メディアがあることないこと書き散らす中、大野は決して感情を表に出さず、客観的にチームを見てチームメイトをまとめていた。

選手間が疑心暗鬼になって難しい状況でも、大野のブレない姿勢は頼もしかった。決して自分だけの思いを語るのではなく、常に俯瞰しながら、チームがどうすべきか、言うべきことを言い続ける。

キャプテンの立場として、このチームをどうすべきかということを毎日考え、毎日やり続け、そして、毎日メディアの前に立ってしゃべった。

当然、キャプテンとしての考えをメディアから求められ続けるが、しっかりと答え続けた。こんな状況でも、時にはユーモアも交えて対応した。

遠藤は、プレーオフの徳島ヴォルティス戦後に大野がインタビューに対応する姿が忘れられない。いろいろな選手やスタッフと話して思いを聞き、それを全方向に、全員に気を配りながら、安定感のあるしゃべりで発信する。

大野本人も、今までこんなに人と対話を重ねたのは初めてというほどだった。その姿は、他の選手たちが見ても学ぶべきところが多くあるものだった。大野のチームへの貢献は、２０１９シーズンを語る上で欠かすことができない。


広報の仕事には、取材してくれるメディアの対応をしたり、チームの決定事項のリリースを出したり、注目が集まる情報を発信したりする業務がある。基本的には、クラブの価値が情報で高まるように調整していくのが広報の仕事だ。

しかし、遠藤は悩んでいた。パワハラ報道とJリーグの裁定で大きなダメージを受けたクラブは、今後どのような情報を発信していくべきだろうか。ポジティブな情報ばかりを発信していても、反省していないと受け取られてしまう可能性がある。

一方で、「反省している」といった情報発信をすることも難しかった。反省すべき部分はもちろんあるが、あまりに反省が過ぎると、今までクラブがやってきたことを全て否定することになってしまう。

遠藤はとにかく、クラブの信頼を取り戻さなければならないと考えていた。しかし、毎週やってくる試合では敗戦が続いていく。明るい話題があったとしても発信しづらい世間の空気、そもそも明るい情報が求められていないような空気を感じていた。

湘南ベルマーレはクラブの長い歴史の中で湘南スタイルを築き上げてきた。湘南スタイルを築き上げた重要人物は曺貴裁ではあるが、曺の監督就任以前からの歴史の積み重ねがあってこそのものである。そして何より、それを表現してきた選手たちが、湘南スタイルを誇りに思っている。

だからこそ、Jリーグの裁定が下った後でも、絶対に湘南スタイルをゼロにしてはいけない。今まで湘南ベルマーレがやってきたことの根本的なところは、決して間違っていない。

何かをガラリと変える必要はない。今までやってきたことを続けていくことも大事だ。自分たちのことも曺貴裁のことも、全てを否定してしまうようなことだけはあってはならない。それではピッチ上で表現してきた選手たちが最も悔しい思いをしてしまうことを、遠藤は知っていた。

曺貴裁が指導現場に復帰すれば、世の中の曺への誤解は解けていくのかもしれない。今回の一件では、曺も真摯に自分自身と向き合い、内省の時間を持ったことだろう。遠藤もクラブも、曺が再び指導の現場で輝くことを心から期待し、願っている。

新メンバー加入がもたらした風

遠藤らクラブスタッフはピッチ上ではないところでもがいていたが、選手たちは必死に戦い、残留という結果を残した。残留するのとしないとでは、クラブの状態は大きく違っていただろう。

しかし、残留したあとも、選手たちは「残留したからよかったとか、残留できたから今回の問題が全部なくなったということではない」と発信していた。それはクラブスタッフ全員の総意であり、選手が頑張ったからこそ、今もベルマーレが続いていると考えている。

シーズン終了後には多くの選手がチームを離れていった。出て行った選手たちも残った選手たちも、どちらにせよ、つらかったに違いない。例年よりも多くの選手が移籍でクラブを去って行ったことは、遠藤を落ち込ませた。気持ちを切り替えることはできなかったし、しなかった。だから、いなくなった選手も、残った選手も含め、このチームが経験した全ての思いを持って新シーズンに向かっていこうと遠藤は決意した。

一方、新シーズン始動で集まった選手たちや浮嶋敏監督の顔は、エネルギーに満ち溢れていた。わずか数週間しか経っていないが、あれほどのことがあっても、選手たちは新シーズンへの準備をきっちり整えてきた。ベルマーレに移籍してきた新しい選手たちも「やってやるぜ！」という気合いに満ちていたのが頼もしかった。

始動後すぐのキャンプから、選手同士は積極的にコミュニケーションを取っていた。新加入の選手が多いので、互いのバックボーンを聞いたり、これからのベルマーレをどうしていくべきかなど、前向きな意見交換にも溢れていた。それを見て遠藤は、ベルマーレを選んで集まってくれた選手たちへの期待を強く感じた。

選手のプロ生活は短い。彼らの短いサッカー人生の中での1年をベルマーレで過ごすことを選んだ覚悟は、クラブ側も重く受け止めなければならないと、遠藤は思っている。まず、昨年の難しい状況があった中で、それでもベルマーレを選んでくれたことへの感謝があった。だからこそ、この２０２０年をよい一年にしたいと感じていた。

新加入選手は個性的でおもしろい選手が多かった。例えば馬渡和彰選手は、他の選手からも「誤解されやすい」とよくいじられるが、サッカーに対して真面目で、行動力がある。今までのベルマーレにはいないタイプの新しい風を吹かせてくれる存在だと感じた。

思ったことをはっきり口にし、別け隔てなく、誰とでもコミュニケーションを取る。チームを勝たせるためなら労を惜しまない。

遠藤は見れば見るほど、馬渡の勝利への執念を感じていた。違うと思ったものには違うとはっきり言える馬渡。連敗中の苦しいときでも、そういった選手の情熱がチームを助けることになるのを、遠藤はよく知っている。

新加入選手の中で最もサポーターを喜ばせたのは、石原直樹の帰還だろう。石原が高校卒業後すぐに、ルーキーとして湘南ベルマーレに加入したときも、遠藤は広報を務めていた。12年ぶりの湘南ベルマーレ復帰は、遠藤にとっても不思議な感覚だった。

高校卒業当時の石原は、あまりしゃべらない物静かなタイプの青年だった。しかし、帰ってきた石原は、印象が変わっていた。普段は相変わらず静かなタイプではあるが、チームメイトとじっくり話すようになっていた。ある時、石原がなかなかクラブハウスに帰ってこないので、何をしているのかとグラウンドに様子を見に行くと、練習に参加していた練習生2人と、1時間半以上も話し込んでいたのだ。

その光景を見て、遠藤は鳥肌が立った。相手が誰であってもサッカーのことを真剣に伝えようとする彼の姿勢は、選手としてなかなかできることではない。話してもらえた練習生も嬉しかっただろうし、本当に大きな経験となっただろう。また、こうしたことが、湘南ベルマーレの新人獲得につながる可能性もある。

石原は２００３年に湘南ベルマーレに加入し、２００６年からはチームの主軸として活躍した。２００８年は18得点も決めていた。その後、大宮アルディージャ、サンフレッチェ広島と移籍し、サンフレッチェ広島ではJリーグ2連覇に大きく貢献した。実は、その広島時代に考え方が変わる経験をしたという。

当時27歳くらいだった石原は、広島に来て、周りの選手のレベルの高さに驚いた。どうしてみんなこんなにうまいのだろうか。いろいろな人の話を聞いてまわった。周りの選手たちは親身になって、石原にサッカーや人生の深い話をしてくれた。それが石原にとって大きな転換点となった。もっと若い頃からこうした考えでサッカーできていたら違ったかもしれないとすら思えた。

それ以来、石原も若い選手に対して熱く真剣に、自分の経験を話すようになっていった。湘南ベルマーレの若い選手たちが「ナオさん、ナオさん」と呼びかける光景を、遠藤はよく見かける。まさかそれを練習生にまでしてくれるとは。遠藤も感動しきりだった。

石原の湘南ベルマーレ復帰のリリースを出した時、ベガルタ仙台のサポーターから「先生をよろしくお願いいたします！」というメッセージが多く届いた。

遠藤の中では18歳当時の石原のイメージが強く残っていたため、「『先生』って、一体どういうことなんだろう？」と疑問に思ったが、帰ってきた石原の姿を見たら、まさにこれは先生だと納得した。石原の根本の性格は何も変わっておらず、偉そうなところはひとつもない。だが、若手に対して自分の経験をしっかり伝えてくれる頼もしさがあるのだ。

改めて石原と湘南ベルマーレのストーリーを振り返ると、ドラマチックなものがある。石原は多くの移籍金を残し、大宮アルディージャへ移籍した。当時の湘南ベルマーレは財政的に苦しく、存続の危機がうわさされるほどだった。そんな経営状況の中、石原の移籍金がクラブを救ったことは、サポーターの間では今でも語り継がれる伝説だ。

「石原の移籍金がなければ、うちは死んでいた」と、今でもそう言い続けるサポーターが多くいることは、また湘南ベルマーレらしいといえる。

だからこそ湘南ベルマーレのサポーターは、いつか石原に復帰してほしいという願いを持っていた。毎年期待しては叶わず、ということを繰り返し、2020

年に12年越しでその願いが叶った。

石原復帰のニュースがサポーターに届くと、クラブにはとてつもない数の喜びの声が寄せられた。多くの選手が移籍で出て行ってしまう中だったからこそ、喜びもひとしおだった。遠藤もあまりの反響の大きさに驚き、石原本人に「ものすごい反響なんだけど（笑）」と喜びを伝えた。

そんな石原が帰ってきて、開幕戦でいきなりゴールを奪い、サポーターの涙を誘う。２０１９シーズンはどん底を見たが、また湘南ベルマーレを救うために石原が帰ってきたのだ。「ベテランであまり試合に絡めない」とか「もうあまり走れない」とか、そんな姿ではなく、バリバリの点取り屋として帰還したのだ。

石原自身もまた、ベルマーレに戻って来られたことが本当に嬉しかった。高校を卒業して最初に入るクラブは、やはり、選手にとって特別な存在だ。

しかし、湘南ベルマーレがＪ１に残留してなければ、石原は獲得できなかったかもしれない。出て行った選手たちに、また湘南ベルマーレに戻ってきたいと思ってもらうには、Ｊ１でい続けることが大事なのだ。

緊急事態宣言下に何を発信するか

チーム付きの広報は選手とともに行動するため、新型コロナウイルス感染症へのケアが極めて重要だ。遠藤も、自宅と会社の往復のみで過ごしていた。コロナ禍になってからは、選手たちも同じように我慢している。広報として悩ましかったのは、何度も再開が延期されてしまい、試合がない時期が続いたことだった。試合がないと、発信する情報も限られてしまう。

しかしそこは、湘南スタイルだ。どんなときでも「たのしめてるか。」の精神で、時間がある今だからこそ、クラブとして今までやれなかったことにチャレンジしていこうということになった。選手会長の大野と話し合い、こんな時だからこそ、プロサッカー選手の存在意義は何かを考える機会として受け止めた。

緊急事態宣言下で、日本国民全員が自宅にいた。そんな中で、どうしたらサポーターの皆さんに喜んでもらえるのか。こんなときは、ちょっと楽しいと思ってもらえるようなものを発信してはどうだろうかという意見が、選手からも挙がっていた。

そこで、選手間でインスタライブ（Ｉｎｓｔａｇｒａｍの生放送）をやってみようという話になった。インスタライブの反応は上々で、サポーター間でも話題となった。出演している選手たちが楽しみながらやっていたため、見ているほうも楽しくなるという循環が起きていた。選手たちの新たな一面を見ることができた。

最もおもしろいと評判になったのが、澤田恒だった。澤田のあまりにも自由な振る舞いが、サポーターにとっては意外な一面で好評となった。

また、クラブ主導のものだけでなく、選手個人でインスタライブをやる選手もいた。サッカーだ

バラエティウィークエンド LIVE on YouTube「料理対決」

けでなく、多くのイベントやエンターテイメントがストップした社会で、選手自身が自分たちの存在価値や自分たちにできることを考え、行動していることが、遠藤には頼もしかった。

昨今では、プロスポーツ選手のＳＮＳ利用で、問題が起こることもたびたびある。いわゆる炎上と呼ばれるものだ。

しかし、湘南ベルマーレの選手は真面目で、迷う内容であれば広報の遠藤にＳＮＳで発信してよいかどうかを確認しているという。

選手がいちいち広報に確認するのは、決して当たり前のことではない。他のクラブの広報からすると、うらやましがられるくらいだ。それだけ湘南ベルマーレの選手は真面目だと、遠藤は誇る。もしくは遠藤の存在が、選手からするとちょっと恐れられているのかもしれない……。遠藤は、湘南ベルマーレの中において、一広報では収まりきらない存在感なのだ。

コロナ禍になってからは、取材体制も規制が引かれ、試合後の選手へのミックスゾーンでの取材がなくなった。代わりに、選手はオンライン会見に出るようになった。オンライン会見は相手が目の前にいるわけではないので、選手からすると、なかなかにしゃべりづらい状況である。だからこそ遠藤は、選手たちにオンラインの会見がどういうものであるか、細かく説明した。

「一つひとつの質問に短く答えると伝わらないことがあるから、自分の気持ちがちゃんと伝わるようにしゃべってほしい」

選手にそう伝えられる遠藤は、広報の鑑と言えるだろう。選手が短い受け答えをすると、遠藤が「それじゃ伝わらないよ」という睨みを効かせることもある。こういうことができる広報は、Ｊクラブの中にそれほど多くはない。選手に注意できない広報や、選手をコントロールできていない広報をよく見かける。

遠藤は、選手がどのように振る舞うべきか、どのように振る舞っていいかを、きちんと伝えられる。これは取材する側からすると、本当にありがたい存在だ。

問われる広報姿勢

新型コロナウイルスでの影響で、Ｊリーグ中断後に首都圏のクラブが続々と取材をシャットアウトする中、湘南ベルマーレは、最後まで取材対応を続けていた。「ずっと取材を許可しているけど、大丈夫なのか？」と言われることもあったが、きちんと感染対策が取られていたのだ。

混雑を避けるために、選手が先に練習場に到着し、練習開始5分後に取材者はグラウンドに向かい、練習が終わる前に記者はメディアルームに移動する。

取材する際は選手がグラウンドに残り、オンラインで取材する。直接顔を合わせることはできないものの、それでも取材を続けていただきたいというクラブとしての考えは、実に湘南ベルマーレらしい。

「Ｊリーグとして、コロナ禍での試合取材をどうするか」について、各クラブの広報が集まり、会議された。あるクラブからは「ミックスゾーンの取材ができないのであれば、スタジアムに記者を入れる必要はないのではないか」という意見が出た。おそらくそれは、試合はＤＡＺＮで見られて、コメントはオンラインで取れるから、記者は現場にいなくても問題ないだろうというものだ。

しかし遠藤は、現場で見る空気感や試合の雰囲気、カメラに映らないところで走っている選手の頑張り、そういったものこそ、メディアの人に見てもらうことが大事なのではないかと考えている。だからこそ、同じ広報からそのような意見が出たことにショックを受けた。

遠藤は、コロナ禍だからこそ一つひとつの取材を大事にしている。どのメディアも取材機会が減っているため、選手の言葉の発信も、どうしたって減ってしまう。それはクラブにとっても選手にとっても大きな損失であると遠藤は考える。また、コロナ禍でなくなってしまったメディアもある。その危機感はＪリーグ全体で持たなければいけないものだ。

現在、ドイツ・ブンデスリーガや日本代表で活躍している遠藤航は、湘南ベルマーレU－18出身のベルマーレ印の選手である。遠藤航は、メディア対応がしっかりしていることで知られている。ＳＮＳでのサポーターへの振る舞いも、丁寧できっちりしている。日本代表という影響力のあるポジションでの遠藤航の振る舞いが、湘南ベルマーレの後輩たちにもよい影響を及ぼしている。湘南ベルマーレがメディアを大事にする精神は、選手にも伝搬しているといえるだろう。

ここでも筆者個人の意見を書かせていただくが、改めて、２０１９シーズンの曺貴裁のパワハラ問題のメディアの報じ方を問いたい。常にメディアに対して真正面を向いてきたクラブに対して、どうしてあのような報じ方ができたのだろう。

たとえそれが仕事であったとしても、それは長い目で見れば、自分たちの首を締めることは、よく考えれば気づけるであろう。そこに気づけなかったメディアは、浅はかであるとしかいいようがない。

第3章

2020シーズン振り返り

ベストゲーム：浦和レッズ戦

大幅にメンバーが変わったこともあり、浮嶋は、新しいチームとしてのパワーを感じていた。浮嶋のスタイルは、監督が何かをやらせるのではなく、選手たちに主体性を持ってやってもらうスタイルだ。昨シーズンから湘南にいる選手たちからすると、２０２０シーズンの浮嶋のやり方は、今までの湘南のやり方と異なるため、気持ちの面でも新鮮味を覚えていたに違いない。

新加入のメンバーは、当然新しいチームのやり方に合わせるため、気持ちが切り替わっているものだ。そして、既存の選手たちも、監督の新しいやり方や、新しいメンバーの風を受けて、新シーズンに気持ちが切り替わっていた。

浮嶋としても、選手たちに昨年とは違う新しいチームなんだと感じてもらえるよう、新鮮味を持って、新しいトレーニングや新しいサッカーに取り組んだ。

サッカーは4つの局面に分かれていると言われている。「攻撃」「攻撃から守備」「守備」「守備から攻撃」の4つである。その中でも「攻撃」の局面は、最も監督の個性が表れる部分だと、浮嶋は考えている。

その「攻撃」の局面は、昨シーズンまでのものに加えて、今年から浮嶋の個性をプラスアルファしたいと考えていた。他の3つの局面に関しては、今までやってきた湘南スタイルが、このクラブの選手たちには備わっている。それを踏襲しつつ、「攻撃」の局面にだけ新しいものを加えて行こうという狙いを持っていた。

「攻撃」の局面は、その時抱えている選手によって内容が大きく変わってくるものだ。例えば、ものすごく空中戦の強い選手が揃っているのであれば、長いボールを使い、セカンドボールを拾ってサイドに展開して、もう一度その空中戦の強い選手にクロスを入れていくような「攻撃」が、得点の可能性を高くする。

2019シーズンは入れ替え戦に回ってしまったことで、選手編成に取れる時間が短くなってしまったのは大きな痛手だった。そのため、戦力的にはもう少し集めたかったというのが浮嶋と強化部の本音である。それでも浮嶋は、新しい攻撃のエッセンスをチームに取り入れていった。

浮嶋が新しくチームにもたらした「攻撃」は、中盤のポジションチェンジが多く、ボールの出し入れも頻度が高くなり、パスがよく回るようになった。

シーズン最初の大分トリニータ戦は勝ったものの、その新しい「攻撃」の形を十分に見せることはできなかった。浮嶋も、新シーズン初勝利をあまり喜べなかった。ただし、意図しているものができなくても勝つことがあるのがサッカーだな、と納得感もあった。

続く浦和戦は、内容面で2020シーズンのベストゲームといえるものになった。終盤獲得したPKをタリクが外してしまい、最終的には3－2で敗れてしまったが、浦和レッズ相手に湘南ベルマーレが長い時間にわたって自分たちの形を出していた。

キャンプでトレーニングしてきたものを、試合にしっかりと出すことができた。4つの局面でそれぞれやるべきことをしっかりやり、オフ・ザ・ボールも含め、すばらしいコンビネーションがピッチ上に生まれていた。選手同士が互いにどのように動くべきか、考えも共有できていた。試合内容に大きな手応えはあったが、やはり勝つのはなかなか難しい。とはいえ、選手たちも監督も「今年はやれる」という手応えを一様に感じていた。

しかし、ここで新型コロナウイルスにより、リーグ戦が中断となる。結果として、2月21日の浦和戦の次のリーグ戦は、7月4日の仙台戦となった。

シーズン初勝利：鹿島アントラーズ戦

振り返ってみると、この再開初戦のベガルタ仙台戦が2020シーズンの鍵となる試合だった。4カ月の期間が空いたことで、さまざまな要素が湘南ベルマーレにとってマイナスに働いた。

1つは、相手のベガルタ仙台が中断期間中に湘南ベルマーレ対策を徹底的に仕込んでいたこと。そして2つ目は、間が空いてしまったことで、選手たちが浮嶋の新しいスタイルをこなせなくなっていたことだった。

キャンプで身につけた新しい湘南カラーは、薄まっていた。やはり短期間で身につけたものは、短期間で忘れてしまう。浮嶋のプランでは、毎週の試合をこなしながらチームの骨格に肉付けをしていく考えだったが、シーズン中断で、そのプラン通りに進めることができなくなってしまった。

再開後、ベガルタ仙台、横浜F・マリノスに連敗を喫したことで、チームの中でも、どう戦うか、意識が統一できなくなっていった。特に、再開は7月の暑い季節だったこともあり、選手たちの間で前線のプレスをどれだけかけるかで意見が割れていた。

一言で前線からのプレスを揃えると言っても、その塩梅は極めて微妙なものだ。行くか行かないかという白黒はっきりしたものではなく、相手の状態と自分たちの状態、ピッチ上の選手22人がどのような陣形かで、判断が微妙に変わってくるものだ。その微妙な判断が一致せず、勝利から遠ざかり、最初のうちは選手間のずれもわずかだったが、次第にその溝がどんどん広がっていった。気づけば再開後4試合、勝ち星なし。開幕も含めると5試合勝ち星なしで、今シーズン未勝利のままだった。

しかし、迎えた第6節の鹿島アントラーズ戦で、見事、今シーズン初勝利を飾った。この試合の内容は、浮嶋からすると決して自分たちのやりたいサッカーができたわけではなかった。だから試合内容を評価することはできなかった。

とはいえ、今シーズン未勝利が続く中、一度勝ち点3を手にすることの大事さはわかっている。その勝ち点3のために、選手たちが体を張ったすばらしい守りを見せてくれた。それは、選手たちの頑張り以外の何ものでもない。浮嶋は、この勝利もある意味、湘南ベルマーレらしいと感じていた。

この試合は、高卒ルーキーの畑大雅のデビュー戦となった。浮嶋としては、新人のデビュー戦はもう少し楽な展開の中、残り10分くらいでデビューさせてあげたかったが、内容的にはかなり押し込まれたしんどい試合状況での起用となった。

それでも畑のスピードを持ってすれば、前がかりになっている鹿島アントラーズの裏を取れる。カウンターチャンスから2、3回は、そのチャンスを作れるだろうと、畑を信頼していた。

その読みは的中し、畑はカウンターから何度もサイドを突破した。畑の突破能力の高さは、J1の平均よりも高いレベルのほうでも十分に通用することを見せつけた。

一方で、終盤でかさにかかって攻めてきた鹿島アントラーズが相手というのもあるが、守備面に関しては緊張からか硬さもあり、課題が残った。

湘南ベルマーレがリードする展開での起用はギャンブル面もあったが、浮嶋は新人に託す形で送り出した。これができる監督でなければ、湘南ベルマーレの監督は務まらない。他のクラブを見渡してみても、このような場面でデビュー戦を経験させるような、勇気あるクラブや監督はなかなか見つからない。

浮嶋には、アカデミー世代の選手たちを長きにわたって指導してきた経験がある。だからこそ、若い選手の可能性やポテンシャルを見極めることに長けている。普段のトレーニングを見ていれば、通用する部分と通用しない部分がわかる。それは長年アカデミーを指導してきたからこそ身についている、浮嶋の持ち味といえるだろう。

「この選手のこの部分は、試合のこういう場面なら通用するだろう」という視点で、浮嶋は若手選手を見ている。常に試合を想定して見ているのだ。

また、選手の能力を六角形で表すとすれば、全部の能力が75点以上はないと、試合には出しづらいという監督が多いだろう。しかし浮嶋の場合は、50点が３つくらいあっても、１００点が１つ２つあれば起用できると考えている。

逆に、そうした選手のほうが、プロになったときには長年やれるようになることも知っている。だから、そうした選手こそ、思い切って起用していきたいというのが浮嶋の考えだ。

うさぎと亀の戦い：川崎フロンターレ戦

続く川崎フロンターレ戦は大敗を喫した。浮嶋は試合前、選手にこう伝えて送り出した。

「彼らはうさぎで、我々は亀だ。陸で戦ったら亀はうさぎに勝てない。亀だからといって、引いて守っても彼らには勝てない。引きっぱなしでは、必ず崩されてしまう。彼らが最も苦手なのは、ボールを持たれることだ。彼らのウイークポイントは、走れないことだ。我々は亀だからこそ、水の中で勝負しなければならない。水の中ではうさぎより亀が速く泳げる。勇気を持って、その展開に持ち込もう」

中断期間に湘南ベルマーレは川崎フロンターレと練習試合を行っており、その試合では引き分けていた。またその試合では、湘南ベルマーレが最後まで攻めの姿勢を崩さず戦ったからこそ、終盤に追いついて3－3で引き分けることができた。この試合でも恐れることはない。

しかし試合が始まってみると、川崎フロンターレが一方的に攻め込む展開となってしまった。ピッチ上の選手たちは川崎フロンターレの圧力に屈して、どうしても下がってしまう。川崎フロンターレ相手にも下がらずに戦う想定で練習してきたが、その形も出せなかった。

前半は0－0で、なんとかしのいだ。運も味方してくれて、無失点で終えることができたと浮嶋は安堵した。後半は選手交代で流れを引き寄せて、先制点を狙っていくプランで挑んだ。

ハーフタイムで中川寛斗からタリク、岡本拓也から古林将太に代えて、仕掛けていった。浮嶋の交代策は見事にはまった。

57分、途中交代で右サイドに入った古林のクロスを、同じく途中交代で入ったタリクがバイシクルのようなジャンピングボレーで豪快に決めて、湘南ベルマーレが先制した。浮嶋の狙い通りの展開で、あとは試合をクロージングするだけだった。

しかし、ここから川崎フロンターレの猛攻が始まった。61分に昨年まで湘南ベルマーレに所属していた山根視来に同点ゴールを許すと、78分には三笘薫に逆転ゴール、88分には田中碧にダメ押しゴールを決められた。

湘南ベルマーレが先制してから残り時間が長かったこともあったが、一番悔やまれるのは、同点ゴールのシーンだった。

積極的に2点目を狙いに行ったものの、セットプレーで全体が前掛かりになりすぎてしまい、カウンターを食らった。チームも途中までは狙い通りだったからこそ、余計にダメージが大きかった。ゴールキーパーからつないだ先制点の形も、試合に向けて準備してきた形だった。

終盤は湘南ベルマーレが落ち込み、川崎フロンターレは勢いに乗り、終わってみれば1－3で敗れてしまった。

この試合で川崎フロンターレの同点ゴールを決めた山根視来は、大卒ルーキーで湘南ベルマーレに加入し、4年間プレーした。ある意味、湘南ベルマーレが育てた選手と言っていいだろう。

トップをひた走る川崎フロンターレというテクニシャン揃いのスター軍団の中で、その山根が、この試合でも輝いていた。

その輝きの要因は、湘南ベルマーレで徹底的に鍛え抜かれた「守から攻」の切り替えの部分だ。川崎フロンターレはパスやドリブルがうまい選手が揃っていたが、山根のように爆発的な「守から攻」の切り替えができる選手がいなかった。そのラストピースとして、山根視来は川崎フロンターレにピタリとはまった。

川崎フロンターレの鬼木達監督と浮嶋は長らく交流がある。浮嶋は鬼木から「ミーティングで山根を褒めることが多い」と聞いていた。

鬼木が山根を評価しているのは、攻守の切り替えの部分と、守備で一度剥がされても、もう一度全速力で戻って守備するところの2点だ。

これを山根が川崎フロンターレに注入した。山根がお手本となり、川崎フロンターレに足りなかった意識が芽生えていった。

ただし大事なことは、川崎フロンターレで試合に出るには、テクニックが必要だ。もしかしたら、山根は川崎フロンターレの中で、テクニックでは下のほうかもしれない。しかし、試合に出られる最低限のテクニックは持ち合わせているということだ。

湘南ベルマーレにとっては本当に大きな損失ではあるが、山根個人にとってはとても充実したシーズンになったことは間違いない。

山根は2020シーズンのJリーグのベストイレブンにも選ばれた。授賞式では「湘南時代のプレーをやればよいと開き直れたので、川崎でも強みをだせた。(中略）今も下手であることに変わりはない」とコメントしている。そのコメント読んだ浮嶋は、実に山根らしいと感じた。

8連敗の要因分析

8連敗の要因は、守備にあった。昨年から湘南ベルマーレに在籍する選手と、今年から加入した選手の間で、前線のプレスをどれだけかけるか、考えが割れていた。アタッキングサードでのハイプレッシングをかけに行くどうか、そのすり合わせに時間がかかった。

守備がうまく回らないと、攻撃もうまく回らない。また、変速的なシーズンとなり、過密日程だったため、トレーニングで修正する時間もなかった。

基本は選手の主体性に任せているが、選手間で意見が割れた時は、浮嶋がある程度のものさしを示していた。それでも負けてしまうと、また選手の中から「もっと前からいったほうがいい」「いや、下がったほうがいい」という議論が巻き起こる。

負けが続く状況でも、選手たち自ら自分の考えをぶつけあえることを浮嶋はポジティブに捉えていた。むしろ、浮嶋が口を挟むことによって、選手間でまた意見がブレてしまうこともあったからだ。

浮嶋自身にはフォーメーションを変えて対応しようという考えはなかったが、選手たちから3トップのほうが、前からのプレスがはまるのではないかという意見が出てきた。

第8節のセレッソ大阪戦と第9節のサンフレッチェ広島戦は3トップで挑んだが、前からのプレスは、まったくはまらなかった。そこから今度は形を戻しても、プレスがより、はまらなくなっていき、どんどんちぐはぐになっていった。

また、夏場の超ハードな連戦のスケジュールは、戦力を豊富に抱えるビッグクラブにはなんてことなくても、湘南のようなクラブには不利だった。特に今シーズンは、5人まで選手が交代できるようになった。このルール変更も、ビッグクラブ有利に働いた。11人同士ではなく、11人プラス5人の戦いになると、資金があるクラブのほうが有利になる。戦力差が如実に表れてしまうのだ。

２０２０シーズンの湘南ベルマーレの最終的なデータを見ると、１点差で敗れた試合が15試合ある中で、残り15分の時間帯で失点している試合が8試合もあった。もし２０２１シーズンもこの5人交代ルールが続くようならば、そこは大きな課題になると浮嶋は睨んでいる。

浮嶋は、「湘南スタイルは吐くサッカーになっている」と言う。気を吐いて、息を吐いて、息切れしながら、それでも走ってプレスをかける。

ボールを奪ったら、休む間もなくそのまま攻撃に出ていく。プレスを剥がされたら、全力でゴール前まで戻ってくる。

もうずっと息の吐きっぱなしである。これで吐き切ってしまうと、パタッと相手ペースになり、失点を重ねてしまう。そういう悪い癖が、トップチームだけでなく、アカデミーでもよく起きている現象だ。

ゴールを守るよりも、ボールを奪うためのサッカーをすることは、湘南ベルマーレが最も大事にしていることである。だから、そこは何があっても止めない。

しかし、吐くだけでなく、呼吸を整えるための吸う部分を大事にしようということは、2020シーズンの最初から選手に話していた。「攻撃」の局面の時に、いかにボールを簡単に失わないか。「守から攻」の局面でシュートまでいけなければ、そこでゆっくりして、しっかり呼吸しようと。

そしてプレスの面でも、全てが全て、前からプレスをかけるのではなく、いったん味方の陣形を整えて、同時にそこで息を吸ってからプレスに行く。そうした考え方で、詳細な戦術に落とし込んでいった。

しかし一度整えようとして休んでしまい、休むシーンが続いてしまうと、第10節横浜FC戦のように、いいように相手に裏を取られて大量失点してしまう。

8連敗中でも、浮嶋は今までの湘南ベルマーレのやり方に戻したりせず、あくまで選手たちに主体性を持ってもらう形を続けた。その中でも、呼吸の部分は意識してちゃんと継続できるよう、浮嶋は唱え続けた。

8月23日、第12節FC東京戦に3－0で敗れ、湘南ベルマーレは8連敗となった。このFC東京戦で長い連戦期間が終わり、次の第13節のヴィッセル神戸戦まで、中12日空くことになった。

ここでようやく時間をとってトレーニングする時間ができた。浮嶋は、トレーニングで時間をかけて守備戦術の整理を行った。9月に入り、温度と湿度が下がってくるため、気候も考慮して戦い方を詳細に落とし込んでいった。

そこから迎えたヴィッセル神戸戦は、前からのプレスがしっかりはまった。勝利こそもぎ取れなかったものの、1－1の引き分けで連敗を止めた。

続く14節の大分トリニータ戦も、早々に2点リードを奪って、そのまま勝利かと思われたが、終盤に2失点を喫してしまい、引き分けた。

ヴィッセル神戸戦も大分トリニータ戦も、リードしてから追いつかれての引き分けだ。やはりしばらく勝っていないことで、リードを奪うと引きすぎてしまう。それも、もう少し深い時間であれば仕方がない面もあるが、勝ちがほしくて早い時間帯に下がりすぎてしまっての失点だった。しかし2戦連続の引き分けで、選手たちも守備のやり方に対する理解が腹落ちしたようだった。それにより、どの選手が出ても同じようにプレスができるようになっていった。

シーズン2勝利目：ガンバ大阪戦

第16節ガンバ大阪戦で、今シーズン2勝利目をあげた。この試合も、相手の球の出どころや、後半チェンジオブペースを仕掛けてくることなど、試合前から想定していた部分にきっちり対応し、74分に先制点を奪った。

3試合連続の先制点だ。しかしこの試合でも、先制点を奪ってからは後ろに体重がかかってしまい、防戦一方となる。

浮嶋は試合前に選手たちに「もしリードする展開になったら、絶対に引いてはだめだ」とミーティングで話していた。最終ラインをあげるために、相手のバックパスにはしっかり前線がプレッシングをかけることを確認していた。

それでも、いざリードした展開になると、勝利から離れていたため、どうしても自陣のゴール近くで守りたくなってしまう。そこから立て続けにシュートを打たれた。

アディショナルタイムの90分、アデミウソンの強烈なミドルシュートがバーに当たったが、ゴールにはならなかった。あと数センチ、バーの内側に当たっていたら、ゴールになっていたかもしれない。このアデミウソンのシュートに寄せていたのは柴田壮介だった。

柴田は2019シーズンのガンバ大阪戦、同じくパナソニックスタジアム吹田のアディショナルタイムの91分、同じようなペナルティエリア外側の位置で、食野亮太郎にミドルシュートを決められた苦い記憶がある。あの時ミドルシュートに寄せていたのも柴田だった。それが決勝点となり、湘南ベルマーレは敗れた。

アデミウソンにシュートを打たれた瞬間、柴田の脳裏には1年前のシーンがよぎった。しかし、ボールはバーに当たり、今回はゴールにならなかった。

柴田の寄せがあと少しでも遅れていたら、ゴールになっていたかもしれない。サッカーの勝敗は90分間にわたり、22人が多くの距離を走り回っても、最後の決着はわずか数センチで決まることがある。この時は、柴田の寄せがその数センチを最後に手繰り寄せたといっていいだろう。

再び連敗へ：清水エスパルス戦

9戦ぶりに勝利をあげたガンバ大阪戦の後、ここからチームは上向いていくかと思われたが、第17節の清水エスパルス戦は、ホームで0－3で敗れた。ここまで守備を牽引してきた大岩一貴が負傷で戦線離脱したことは、一つの大きなポイントだった。

また、清水エスパルスは前節の敗戦で最下位に落ち込んでいたため、この試合には並々ならないモチベーションで臨み、気迫に溢れていた。

さらに清水エスパルスは、このタイミングで試合が1週間空いたため、4バックから3バックに替え、攻撃も、今までやっていない2トップに変えてきた。これは浮嶋も想定外だった。その想定外への対応ができず、終わってみれば0－3の大敗を喫してしまった。

結局、この清水エスパルス戦から5連敗を喫してしまう。しかし、この5連敗と前の8連敗では、内容は大きく違うものだった。

一番の違いは、守り方が整理されていたことだ。8連敗の時は選手間でも意見が割れることがあったが、この時は選手たちの間で守れている手応えがあった。

まず、前から行ってボールを奪えるシーンが格段に増えていた。また守備が整理されたことで、攻撃への勢いも出てきていた。

不思議なもので、守備が改善されると攻撃もよくなるのが、サッカーのおもしろいところである。いい守備ができていると、選手はお互いの距離感や共通認識ができているため、ボールを奪った瞬間にどの選手がどこに飛び出していくかが、見なくてもわかるようになる。

一方で、守備時に相手に合わせて全体が揺さぶられてしまうと、ボールを奪った時に誰がどこにいるのかを確認するまでに時間がかかってしまう。そうなると、湘南ベルマーレらしい勢いよく前に出て行く攻撃、次から次に人が出てくる大きな波のような攻撃シーンが出せなくなってしまうのだ。

だからこそ、浮嶋はよい攻撃をするためのよい守備を、常に選手たちに説いている。

この5連敗中は、選手たちも「あと一歩だ」という手応えを感じていたため、大きく崩れることはなかった。

迎えた10月18日、第23節柏レイソル戦で連敗を止め、6試合ぶりの勝利を飾った。試合終了の勝利を告げるホイッスルが鳴ると、キャプテン岡本拓也の目からは涙が溢れていた。

その岡本のゴールで4分に先制するも、22分に追いつかれ、53分には高卒ルーキーから湘南ベルマーレに在籍していた神谷優太に逆転ゴールを許してしまった。その失点シーンは、今季取り組んでいる「攻撃」の局面の遅攻で、自分たちのミスからの失点だった。

浮嶋にとっても、この失点のショックは大きかった。今季取り組んできたことへの税金はもう支払い終わっていただろうと思っていた中で、またここでこういう形で払うのか。

あの失点シーンは、ボールを奪われた舘幸希の問題だけではなかった。右サイドでボールを持っている時の左サイドのウイングバックの選手と、左ボランチの選手の位置が高くなりすぎていた。もしあと5メートル、両者のポジショニングが後ろだったら、最後のシュートシーンは防げていただろう。

せっかくよい試合の流れを自分たちの力で作り出せていただけに、浮嶋自身もダメージが大きいミスだと感じていた。

しかし、ここから選手たちが奮闘した。78分、岡本は深い位置からハイクロスを上げて、タリクがうまく頭で落とし、最後は松田天馬がボレーでゴールに突き刺した。

さらに81分、またも右サイドを突破した岡本から、中の石原直樹へピンポイントの丁寧なクロス。これを石原が鮮やかにダイビングヘッドで合わせて、湘南が逆転に成功した。

この日3点のゴールに絡んだ岡本の働きは見事だった。1点目はゴールエリア深くにドリブルで侵入し、最後は目線でクロスを入れるフェイントをかけてから相手ゴールキーパーを惑わし、空いたニアサイドにシュートを打ち込む技ありゴールだった。

2点目のクロスは、中の状況を考えてあえて滞空時間の長いハイボールを選択し、タリクがそのボールに空中戦で競り勝っている。そして3点目のアシストは文句なしの正確無比なコントロールされたクロス。コントロールだけでなく、球のスピードも含め、完ぺきだった。

この試合で、浮嶋は選手たちの成長を実感した。選手たちが力強く、頼もしく思えた。自分たちの遅攻の失敗から失点したものの、あせることがなかった。

また、この試合は失点シーンのミスがあったものの、試合を通して落ち着いてプレーできている場面が目立っていた。これは浮嶋がシーズン頭からずっと取り組んできたことでもある。落ち着いて攻める、落ち着いて守る。しかし、行くときは行く。いつも速攻、すべて前から奪いに行くのではなく、落ち着いて判断をして、試合に緩急をつけることができていた。

若手選手の活躍

ここから湘南ベルマーレが勝ち点を積み上げていく。続く、延期になっていた第13節のサガン鳥栖と第24節のサガン鳥栖戦は連続で引き分けとなるが、第25節横浜ＦＣ戦、第26節横浜Ｆ・マリノス戦に連勝する。

この時、チームはけが人が何人か出てしまい、実は台所事情としては苦しかった。その中で奮起したのが指宿洋史だった。前線の選手にけが人が出た中で回ってきたチャンスだったが、２０１９年にクラブに加入して以来のベストパフォーマンスが続いた。

ここまで十分な出場機会に恵まれたわけではなかった指宿だが、第24節から3試合連続でスタメンを飾り、第24節、第25節と連続ゴールをあげた。第24節は逆転ゴール、第25節は決勝点と、チームにとっても重要なゴールだった。

10月下旬から、試合スケジュールにも少し余裕が出てきたため、浮嶋は指宿にヘディングについて指導していた。

指宿はリーグ前半戦での横浜F・マリノス戦でも先発していたが、この時は空中戦でほとんど勝てなかった。それを克服するため、浮嶋は、目線の使い方、ボールへの入り方、体の使い方など、基本的なことを改めて整理した。

その効果はてきめんで、横浜FC戦と横浜F・マリノス戦の指宿の空中戦の勝率は一気に上がった。この時期の指宿は空中戦だけでなく、前線からのプレッシング、ボールキープ、そしてゴールと、文句なしの大活躍だった。

戦術的にも、チームの中で重要なポジションかつ、いきなりの起用で大きなプレッシャーがかかるような状況だったが、そのプレッシャーをはねのけて、見事に躍動した。

また、シーズン終盤に向けて、若手選手の活躍も目立ってきた。浮嶋は降格がないからあえて若手を使おうとして使ったわけではない。浮嶋はもともと、アカデミーの頃から若い選手でも積極的に起用していた。大卒ルーキーの舘幸希、高卒ルーキーの畑大雅、湘南ベルマーレU－18の18歳田中聡らが主力選手となっていった。

それだけでなく、浮嶋はあっと驚く起用と采配も見せた。第19節の川崎フロンターレ戦で、本来は中盤の石原広教をスリーバックの中央でスタメンで起用した。石原はトップチームのこのポジションで試合に出たことはないため、周りの人間からも、この起用に関しては反対の意見が出た。

しかし、石原がスリーバックの中央を務めるようになり、失点数は減っていった。浮嶋は、石原がこのポジションでも十分にこなせると確信を持っていた。石原が真ん中に入ると、連続失点をしない。浮嶋が石原の適性を見抜いていたのは、カバーリング能力の高さとリーダーシップである。苦しい時間帯でも、石原のようなリーダーシップを取れる存在が中央にいると、バックラインは踏ん張りがきくようになるのだ。

選手の主体性を育む

２０２０シーズンは降格なしというレギュレーションのため、10月中下旬くらいなると、早くも移籍マーケットに動きが出始めた。他クラブからクラブ宛にオファーが来る。選手たちも、移籍のうわさ話を始める。

選手にオファーが来ていることを浮嶋が知っているか知らないかは、選手からはわからない。シーズン中には、選手と監督はそうした話はしないのだ。

この状況が選手のパフォーマンスに影響しないかと聞かれると、ゼロとは言えないだろう。今の時代、代理人同士の情報が選手に入ってしまうため、移籍マーケットの動向は、監督やコーチよりも選手のほうが詳しいこともある。

また、リーグ戦残り3試合を残して外に移籍してしまう選手も発表された。監督はその中で采配を振るう難しさもある。翌シーズンのことを考えた起用もしたいが、湘南ベルマーレの順位を考えると、1試合でも多くの勝利をサポーターに届けたい。

また、選手が納得しない起用をしても、チームはバラバラになってしまう。監督からすると、それは難しい選択を強いられる。

こうしたリーグ終盤戦のゴタゴタは、アカデミー経験が長い浮嶋にとっては、慣れないものだった。特に、毎年移籍する選手が多い湘南ベルマーレは、他クラブと比べても、この終盤戦の移籍のうわさが与える影響は大きくなってしまう。

リーグ終盤戦は、最終節までの7試合で、勝利をあげることができなかった。勝てなかった理由として、10月から勝点を重ねた時期に活躍した選手の何人かに、けが人が出たこともあった。

しかし、勝っていた時と試合内容を比べても、決して悪くなっていたわけではなかった。ただ、ほんの数センチ足が出なかったり、ほんの少し走れなくなったり、そうした「ちょっとしたもの」が勝敗を分けていた。

リーグ戦が終わってみれば、最終順位は最下位の18位であった。浮嶋は2020シーズンのチーム活動の最終日の解団式で、選手に次のように話した。

「シーズンを大きく3つに分けると、第1節から12節、13節から25節、26節から38節になる。その時期に取った勝点が3、9、14となってきている。

8月9日の第9節サンフレッチェ広島戦の直前が、チームがバラバラで最悪の状況だった。前から行くのか、行かないのか。あの時は、みんな自分がどうしたいかの意見をぶつけあっていた。けれど、みんながチームのことを考えられるようになって、みんながまとまってからは、変わっていった。

リーグ中盤以降にすばらしい選手を補強したからよくなったとか、そういうことではない。同じメンバーで、これだけ勝点を取れるようになった。リーグ戦最初の3分の2の合計勝点よりも、リーグ戦最後の3分の1の勝点のほうが多い。いかにサッカーにおいてまとまることが重要かを、数字が示してくれている。

今シーズン、みんなが学んだ最も重要なことはそれだよ。今後、この体験を糧に、サッカー選手を続けてほしい」

本書でも何度か、湘南ベルマーレにおける毎年の選手の入れ替えの多さを語っている。この点において、湘南ベルマーレは他クラブと比べても非常に特殊なチームといえる。

今までは曺貴裁というカリスマ監督の力で、一気にチームをまとめあげるという方法を取っていた。しかし浮嶋は選手の主体性を重視し、引き出す形をとった。結果的に、チームがまとまるまでの時間はかかったが、そのチームのまとまりこそが強みとなった。

サッカーは、最終的には試合中に監督がピッチの中で指示を出せるわけではない。だからこそ、グラウンドに出ている選手が主体的にプレーできるかどうかが大事になってくる。

一方で、主体的にやればやるほど、チームがバラバラになってしまうリスクもはらんでいる。

今、どの企業でも就職面接で学生に求めているのは「主体性」である。日本社会では、この傾向がしばらくの間続いている。それだけ、主体性を持った人材が足りていないということだ。

浮嶋は、サッカーにおいてはキャプテンだけがリーダーシップを持てばよいというものではないと考えている。全員が主体的になることが刻々と変わる状況で判断の源になる。主体性がない場合は、ある一定方向に揃えることで、力を発揮させるやり方になる。

どちらの方がチームの最大値が大きくなるか。浮嶋は、サッカーにおいては全員が主体性を持った方が最大値が大きくなると考えている。今年培った主体性は、2021シーズンに必ず生きてくるだろう。2020シーズンは時間がかかった分、来季は強固なチームワークを見せてくれるに違いない。

第4章

ゴール裏の奔走

新シーズンに向けた新曲制作

湘南ベルマーレのゴール裏でサポーターのコールリーダーを務める髙橋修は、新シーズンに向けて、複雑な心境で準備していた。２０１９年はクラブがパワハラ問題に揺れ、主力も含め、多くの選手が他クラブへ移籍していった。この件については、いろいろな立場の人間から、いろいろな話が髙橋のところに来ていたからこそ、余計に複雑な気持ちであった。

２０２０シーズンは、離れていった選手たちの代わりに、新しい選手が多く入ってきた。そのため新シーズンに向けて、10曲ほど新曲を作ることになった。

いつもなら、シーズンの最初の公式戦で新曲を披露するのだが、とてもじゃないが1試合で10曲を歌うのは無理だ。そこで髙橋は仲間を集い、スタジオを借りて新曲10曲を録音した。大分戦の約1週間前から録音した曲をSNSでシェアし、広めていった。髙橋としては、選手が多く入れ替わることに対応することでとにかく精一杯だった。

いつもであれば、髙橋が一人で新曲を作り上げてしまうこともあるが、さすがに10曲を一人で作るということは難しく、サポーター仲間で手分けして新曲制作に取り掛かった。普段からサポーター同士で食事や飲みに行ったりしている中で、それぞれが作った曲を持ち寄り、話し合いながら決めていく。

髙橋は曲を作る際、湘南のゴール裏の人数や年齢層を考えて歌う曲を作っている。さまざまな年齢層を抱える湘南のゴール裏は、キーが高すぎるとボリュームが下がったり、テンションが下がったりしてしまうという懸念も考慮されている。過去には他クラブのサポーターから「湘南のゴール裏は念仏だ」と揶揄されたこともあったため、ボリュームやテンションを出せるような曲にする配慮は欠かせないのだ。15人くらいのサポーターが集まり、5、6人が作った曲を持ち寄り、みんなで意見交換しながら新曲を決めていった。

新しい湘南スタイルに期待するサポーターたち

大分トリニータ戦の試合内容を見て、高橋は、チームが変わってきている中で、自分たちサポーターも対応しなければならないことを痛切に感じていた。今まであれば、勢いよく攻めていたであろうタイミングで、後ろでゆっくりボールを回す。

明らかに今までの湘南ベルマーレとは違う試合のテンポ。普段なら一気に攻めるであろうタイミングで攻め込まないため、高橋も「ここだ！」というタイミングが取りづらい。スタジアムの応援のボリュームも、すぐにトーンダウンしてしまう。曺貴裁がやっていたサッカーとは違う。

サッカーの内容が変われば、応援のやり方も変わる。新しい湘南のサッカーに、サポーターがみんなで早く慣れなければならなかった。

選手たちも、大分トリニータ戦では新しいサッカーをうまく表現できていなかったが、リーグ開幕戦の浦和レッズ戦では勝利こそ収められなかったものの、内容的には新しい湘南スタイルを見事に表現した。

髙橋も新しい湘南のサッカーに期待が膨らんだ。今までの、よく走る湘南のサッカーに、走るだけでなくプラスアルファがもたらされていることを感じていた。特に、中盤の3人がポジションチェンジをしながら攻撃をしかけていく形は、ワクワクさせるものがあった。

また髙橋は、リーグ開幕戦の相手が浦和レッズでよかったとも感じていた。パワハラ問題で揺れた昨シーズンから、スタジアムに来るサポーターがどうなってしまうのかという不安がなかったわけではない。アウェイでも多くのサポーターが駆けつけて熱い応援を見せる浦和レッズのサポーターが相手だからこそ、湘南のサポーターたちも「ホームチームが応援で絶対に負けられない」という闘志に火がついた。

開幕戦ということもあり、スタジアムのボルテージは膨れ上がり、昨シーズンのゴタゴタを払拭するぐらいの雰囲気となっていた。この試合では、スタジアムでサポーターに手の消毒と検温が行われたが、大きな混乱はなかった。

浦和レッズ相手に打ち合いを演じた末、2－3で敗れたものの、先述したように内容は期待を持てるものだった。

試合後、PKを外したタリクが申し訳なさそうな面持ちで、湘南のゴール裏に挨拶に訪れていた。それを見た髙橋は、その日のうちにａｍａｚｏｎで売られていたノルウェー国旗を全て買い占めた。

外したからこそ、落ち込んでほしくない。タリクには勇気を持ってプレーしてほしい。次の名古屋グランパス戦はアウェイだが、大量のノルウェー国旗を持ってタリクを後押ししたいという気持ちが髙橋を突き動かした。

湘南ベルマーレにとっては、初の豊田スタジアムでの試合開催ということもあり、髙橋も楽しみにしていた。これでタリクのゴールで勝ったら最高だ。そんなことを思って、ノルウェーの旗を買い占めていた。

しかし、名古屋グランパス戦の前に、新型コロナウイルスの感染拡大を受け、Jリーグの中断が発表される。

結局、2020シーズンは制作した新曲全部を歌うことはできなかった。半分近くの曲が歌われることなく、シーズン終了を迎えた。2020シーズンに応援できた試合は、2月16日のルヴァンカップの大分トリニータ戦と、リーグの開幕戦の浦和レッズ戦だけだった。わずか2試合のみである。

サッカー界の不安

Jリーグは2月25日に、新型コロナウイルスの感染状況を鑑みて、26日に予定されていたルヴァンカップ第2節の中止を発表した。翌26日には、安倍晋三首相

（当時）より、２週間にわたって、全てのスポーツイベントの延期及び規模縮小の要請が出された。さらに27日には、３月２日から学校の臨時休校が決まる。

３月10日にはさらなるイベント開催自粛の要請が出され、Ｊリーグは再延期の決定を下して、４月３日の再開を目指すこととなった。しかし、４月３日の再開も叶わず、３月25日に３度目の延期が発表される。

Ｊリーグは４月中の再開を検討していたが、４月３日、それを白紙に戻し、再開予定日を定めずに状況を見ていくことを発表。４月７日には７都道府県に対し緊急事態宣言が発出され、翌８日に、５月に予定されていたＪ１、Ｊ２、Ｊ３、そしてルヴァンカップの全ての公式戦の延期が発表された。

そして、４月14日には、Ｊ１の全18クラブが活動を自粛することが決まった。

Ｊリーグは３月19日の時点で、２０２０シーズンは、Ｊ１、Ｊ２において「降格クラブなし」を決定していた。まったく予期しない形で湘南ベルマーレの２０２０シーズンの残留が決まった。

一向に収束の気配を見せない新型コロナウイルス感染症。３度にわたって再開が延期になり、そして白紙へ。選手もファンも、多くの関係者も、サッカー界全体が、もしかしたらこのままサッカーができない世界になってしまうのではないかという、大きな不安に襲われた。

5月9日に延長が発表された緊急事態宣言は、最終的に、5月25日に解除された。

5月29日、Jリーグ再開の日程が発表される。6月27日にJ3から再開され、段階的にJ2、J1が再開されることとなった。再開直後の試合は、無観客かつ対戦カードはすべて組み直しとなり、まずは近隣クラブとの対戦が優先的に実施されることが併せて発表された。

湘南ベルマーレの再開初戦の相手は、ベガルタ仙台に決まった。ホームBMWスタジアムで行われる試合だが、サポーターはスタジアムに立ち入ることができない。髙橋は試合再開をうれしく思う一方で、サッカーを見ることしかできない歯がゆさがあった。仕方がないと割り切ることはできないけれども、納得するしかなかった。

中断期間中は、ベルマーレのサポーター仲間や、他クラブとのサポーター仲間とオンライン飲み会をすることもあった。いろんなサポーターと飲んだが、無観客試合のことや、今後応援できなくなるかもしれないこと、あえてその話をしようとするものは誰もいなかった。

サポーターとして、自分に何ができるのだろうか。それを考えても考えても、新型コロナウイルスの前では無力だった。選手にも、クラブのスタッフにも、会うことすらできなかった。

試行錯誤のリモート応援

クラブから髙橋に、リモート応援の相談が届いた。無観客で再開される仙台戦で、リモート応援システムを使ってみないかという話だった。

ＹＡＭＡＨＡのリモート応援システム「リモートチアラー」を8月まで無料で使えるので、試してみたいという。クラブから、その操作を髙橋に頼みたいと請われ、ベガルタ仙台戦でやってみることになった。

ベガルタ仙台戦の2日前に、ＢＭＷスタジアムで音響確認が行われた。スタジアムの音響担当、クラブのスタッフ、髙橋で音響調整を行い、髙橋からはサポーターとしての要望を伝えた。

リモートチアラーの操作はスマートフォンから行う。画面に曲名が書かれたボタンがあり、それを押せば流れる簡単な操作方法になっている。仙台戦の試合当日は、DAZNを見ながら、髙橋がスマートフォンで操作することになった。

おもしろいもので、試合中にTwitterでは、応援の選曲やタイミングが完ぺき過ぎると盛り上がっていた。髙橋は自分が操作していることを周りには知らせていなかったが、選曲とタイミングで、髙橋が操作しているだろうと気づくものが多かった。

最初こそ、「このタイミングでこの曲を流せるなんて、すごい！」という反応が多くあったが、次第に「これ、操作しているのは絶対おさむだよ（笑）」となっていった。

髙橋も、気づかれたことに驚いた。少し嬉しさもあったが、恥ずかしさもあった。試合後、髙橋も自身のSNSで、操作しているのは自分であることを明かした。

髙橋自身は、当初、リモートチアラー自体には懐疑的であった。サッカーの応援はＢＧＭではない。バレーボールやバスケットボールの応援と違い、スタジアムＤＪが作ったレールに乗っかって応援するものでもない。

サッカーの応援は、自分たちが生で作っていくものだ。ライブならではの強弱や臨場感を大事にしたいと考えていた。実際やってみて、チャンスでもピンチでも、応援に強弱がつけられないモヤモヤはシーズン最後まで晴れなかった。

しかし、現場のコーチングスタッフらから「ないより、あったほうがいい」という意見があったため、現場に少しでもプラスになるのであれば、やったほうがよいという考えになっていった。サポーターにできることが少ない今の状況なら、なおさらのこと、やったほうがよいと。

ベガルタ仙台戦で1回目のリモートチアラーを行った髙橋だが、今後、無観客ではなくスタジアムにサポーターが入る中でもこの応援が流れるのであれば、改善すべきであるとクラブに提案した。

最初に用意された応援の音源は音質も悪く、ループもタイミングが違うところで設定されていたのが気になっていた。これが有観客試合で実際に流れてしまうのは、スタジアムの雰囲気を損なってしまうと危惧していた。

そこで髙橋は、動画や音声ファイルを持っているサポーターに呼びかけ、音源を集めた。

リモートチアラーには応援に笛の音が入っていてはいけないなど、いくつかの規定がある。髙橋は集まった膨大な数のファイルを確認して、「このファイルは○分○秒から○分○秒まで使える」とメモを作っていった。そのメモをもとに、ベルマーレ放送部のスタッフが編集し完成させた。

「リモート応援なんていらないよ」という声を耳にすることもあったが、それでもクラブのために、昼夜問わず、繰り返しその作業を続けていった。

リモートチアラーで、いくつかのトラブルもあった。髙橋はゴール裏から試合を見て、リモートチアラーを操作していたが、1回だけ、雨の試合の日に雨の水滴がスマホの画面に落ちて、予期せぬ曲がかかってしまった。前の曲を止めてちょっと間を作っているときに、場にそぐわない曲が流れたため、髙橋も大慌てで曲を止めた。

また、いきなりＬＩＮＥの着信音がスタジアムに流れ出してしまったこともあった。リモートチアラーには放送部スタッフのｉＰａｄがつながっており、そのＬＩＮＥの着信音が流れてしまったようだった。

音が鳴った瞬間、スタジアムのサポーターたちは一斉に髙橋を見た。髙橋は慌てて、「原因は俺じゃないよ」と手を振った。改めてこの場を借りて、原因が髙橋ではなかったことを記しておきたい。

リモートチアラーに対するサポーターの反応は、髙橋が予想していたよりも、肯定的なものが多かった。

髙橋がクラブと連携してリモートチアラーを取り入れる模様が、テレビの取材を受けて放送されていたことで、「クラブとサポーターが連携しているのは湘南らしい」「新しいことに、とりあえず取り組んでみるのが湘南」という反応が多くを占めた。

改めて、湘南ベルマーレは、クラブとサポーターがお互いの意見をぶつけあって物事を進めていくクラブということが、リモートチアラーからも見て取れた。

結局、２０２０シーズンは、手拍子と太鼓が解禁されるにとどまった。２０２１シーズン以降も応援ができないのであれば、リモートチアラーを続けていく可能性もある。

髙橋も「ボタンを押すだけでいいから楽だよね（笑）」、「ＤＪみたいだよね」と軽口を飛ばすこともあるが、本音は早く応援がしたくてたまらない。

なにしろ、選手を鼓舞するのに生の声に勝るものはない。試合中に「ここからさらに気合い入れていこうぜ！」と煽るシーンが、必ず一回はある。マスクをしながらでも、なんとか応援が許可されないかと願っている。

制限付きの応援

太鼓が解禁されてからは、また新しい苦労があった。8G前に設置されているリモートチアラーのスピーカーはピッチのほうに向いているため、8Gには聞こえづらく、リモートチアラーに合わせて太鼓を打つのが難しいことがわかった。

特に太鼓を叩く本人は、太鼓の音でリモートチアラーの音が聞きにくいというのもある。それでも、ここはみんなに手拍子をさらに強く頑張ってほしい時などは、抑揚をつけて煽るなど、少しばかり表現の幅も広まった。

しかし、慣れるもので、リーグ戦後半のほうにはリモートチアラーとかなり同期して太鼓が叩けるようになっていた。ただ、髙橋がスタジアムに行けない時に、他の人間が太鼓をやるのはやはり難しく、リモートチアラーと大きくずれてしまうことが何度かあった。

太鼓が解禁されたのは10月18日の柏レイソル戦だったが、そこから5試合、負けなしの3勝2分という好成績を収めた。サポーターからすれば、太鼓と手拍子がチームの力になっていると思えるうれしい結果だ。

実際、太鼓が入ってからは、スタジアムで起こる手拍子の雰囲気も圧倒的に良くなっていた。やはりスピーカーから出る音に合わせて手拍子すると、タイミングもずれやすく、ボリュームも小さくなりやすい。

太鼓が入ってからは、メインスタンドからもバックスタンドからも手拍子の音が大きくなり、リズムもずれが小さくなっていった。そんな、いつものBMWスタジアムに近い光景に戻ったことが、髙橋は本当に嬉しかった。

柏レイソル戦の大逆転劇での勝利は、サポーターの太鼓から、スタジアム全体に広がっていった応援の影響が大きかったのではないだろうか。やはり、ホームスタジアムでの応援の後押しがあるからこそ、生まれる勝利というのは存在する。

それがコロナ禍での制限付き開催となると、難しい問題として横たわっていた。

制限付き開催の中では「応援の先導」が禁止されていた。しかし、自然発生的に起きた手拍子は問題ないということだった。

9月7日に手拍子が、10月17日に太鼓が解禁された。手拍子なしのリモートチアラーだけの時期は、スタジアムの雰囲気が異空間に感じられた。応援の曲は流れていていても、応援している雰囲気がまったくない。選手からも違和感を伝えられた。

リモートチアラーも、手拍子ができない時期が続くと、ただのBGMのような雰囲気をどんどん強めていった。最初はリモートチアラーも物珍しい感じで受け入れられていたが、2、3試合続くと、それにも慣れが出ていた。

髙橋には、このままリモートチアラーを続けていいのだろうかという不安も膨らんだ。だからこそ、9月7日に手拍子が解禁されたことは大きかった。

音声を作り直し、手拍子が解禁され、太鼓が解禁され、ちょっとずつ、応援のクオリティが上がっていった。

手拍子が解禁になったことを受け、髙橋は、手拍子だけの応援を新しく2つ作った。お披露目は11月15日のヴィッセル神戸戦だった。

サポーターからの反応もよく、徐々に広がっていき、12月の試合ではかなりのボリュームが出るようになっていった。新しく作った2つの手拍子の応援は、通常の応援が解禁したあとも続けていくつもりだ。

選手たちとの交流

2020シーズン、髙橋は自分の無力さを感じることが多かった。何より、いろいろなことが制限されてしまい、寂しいと感じることが多かった。

例えば、シーズン終了後に移籍していってしまう選手たち、あるいは今年加入してきた選手たちと交流することが、まったくできなかった。髙橋は松田天馬の両親と遠征先で会うことがあり、毎年挨拶して会話を交わしていた。そしてそれを練習場で松田本人に伝えたりもしていた。しかし松田が京都に移籍してしまった今は、そうした交流もかなわない。

選手とサポーターとの距離が近いクラブというのが、湘南ベルマーレの長所でもある。しかし、コロナ禍の今、その長所が薄れていることもつらい。だからこそ、せめて応援で後押ししたいのに、それさえも制限されており、難しい。

コロナ禍により、スタジアムの集客が厳しいというのも2020シーズンの問題だった。クラブもなかなか営業活動や販促活動ができない。

髙橋も「みんなでスタジアムに集まろう！」とよく声を掛けていたが、コロナ禍ではそれぞれに事情があるため、そういった声掛けをするのも難しかった。それでも、シーズン終盤の試合には、ＢＭＷスタジアムの集客は5000人を超すようになっていった。

鈴木冬一と齊藤未月は、2020シーズン限りで戦いの場を欧州に移すことがクラブから発表された。鈴木はスイスへ、齊藤はロシアでプレーすることになる。コロナ禍でなければ、齊藤や鈴木に直接「海外でやってこいよ！」と声を掛けて、実際に肩や背中を叩いて送り出すことができただろう。

髙橋は12月6日のガンバ大阪戦の前に100メートルの布を購入していたが、続く16日の大分トリニータ戦のホーム2試合で、その布を使い切った。

欧州へ旅立つ齊藤と鈴木へのメッセージだけでなく、梅崎司の300試合のお祝い、亡くなった久光重貴へのメッセージ、ガンバ大阪サポーターへのメッセージでゴール裏から段幕を出した。

髙橋の呼びかけで、齊藤未月と

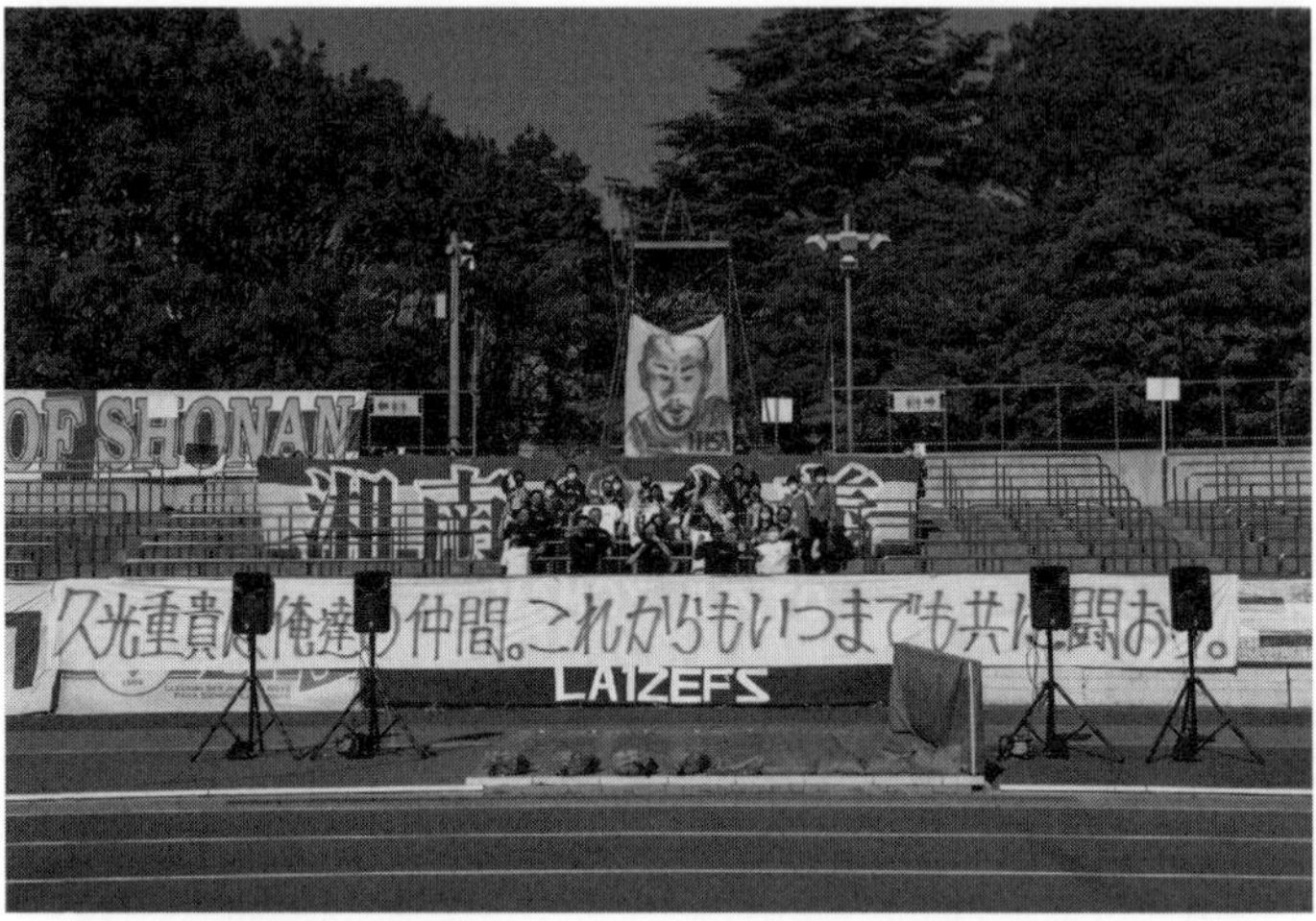

故 久光重貴選手（湘南ベルマーレフットサルクラブ所属）へのメッセージ

鈴木冬一に送る段幕メッセージが決まった。

（齊藤）

「湘南ベルマーレで育ち、緑青の誇りを持った男。お前の熱いハートで湘南から世界へどこまでも突き進め！　未月戦ってこい」

（鈴木）

「大阪・長崎・湘南の想いを背にどこまでも駆け上がれ。世界に見せつけろその技を！　冬一いってらっしゃい！」

「大阪」は、鈴木がアカデミー時代に育ったセレッソ大阪カラーのピンク色で書かれ、「長崎」は、鈴木の出身校である長崎総合科学大学附属高等学校のサッカー部の赤色で書かれていた。高橋は鈴木冬一の父親や、ユース時代から冬一と交流があるセレッソのサポーターとも交流があったということもあり、鈴木の過去も含めて段幕に思いを込めた。

齊藤も鈴木もベルマーレでデビューを果たした選手だからこそ、ベルマーレで力をつけて海外に羽ばたくことは高橋としても誇らしい。

お別れは寂しいが、力強く送り出すのが湘南スタイルだ。

齊藤未月選手、鈴木冬一選手へのエール

第5章

選手からフロントへ
～新たな挑戦

引退を決意した瞬間

島村毅は２０１８年シーズンをもって、プロサッカー選手から引退することを決意した。早稲田大学サッカー部を卒業した翌年の２００８年から湘南ベルマーレでプロキャリアをスタートさせた島村は、11年間にわたり、プロ選手としてプレーしてきた。

引退を決意したのは、体力的な部分が大きかった。30歳を過ぎてからは、毎年が勝負の年と位置づけ、いつ引退してもおかしくないギリギリの状態でプレーを続けていた。

湘南の練習は、他のＪリーグのクラブと比較しても厳しいことで知られる。そんな厳しい練習のなか、島村は、若い選手たちと比べて体力的に遅れをとるようになってきていた。

30歳を超えてからはシーズンが終わるたびに毎年「今年もギリギリなんとかやりきった……。あと1年はいける」と、そんなふうに体と会話をしながら続けてきたのだった。

２０１７シーズンが終わった時、島村は、１９９試合出場19ゴールという成績を残していた。

「来年が本当に最後の年だ。２００試合出場、20ゴールを達成して引退しよう」

誰に言うでもなく、心の中でひそかにそう決めていた。

「絶対にやってやる」、「俺は持っているんだ」――自分を鼓舞してモチベーションを上げ、２０１８シーズンに入った。だが、体の調子が上を向かない。もちろん、長年の現役生活の中で、こうした経験もあった。しかし今回は、シーズンが開幕してもなかなか調子が上がってこなかった。

「夏場過ぎにはいっぱい試合に絡んで、チームを救うんだ」

そう自分に言い聞かせながら、日々コンディションを上げていくことに集中していた。なかなかうまくいかない中で、何度も心が折れそうになったが、「200試合出場、20ゴール」という目標だけは絶対に達成したいという、強い気持ちが島村を支えた。

島村はプロに入ってフォワードからディフェンダーにコンバートされた。チーム事情に合わせながら、時にフォワード、時にディフェンダーと、マルチな役割をこなしながらキャリアを積んできた。

200試合出場のチャンスは、フォワードとして訪れた。試合終了間際のアディショナルタイム。試合終了までは1分もなかった。本当にワンプレーしかチャンスはない。

味方のゴールキックが島村を目掛けて飛んできた。島村は相手と競り合いながらヘディングを試みる。しかし、ボールに触ることもできず、無情にもそのまま試合終了のホイッスルが鳴り響いた。

「あっ……」

島村の中で何かが終わった音がした。一度もボールに触れることすらできずに試合終了を迎え、糸が切れたような感覚に陥った。全てが終わった瞬間だった。

今までは、節目節目でチームに貢献していた自負があった。試合の残り時間が少ない状況でも、チームに流れが全然来ていなくても、島村がいきなりゴールを取ってしまうようなシーンを何度も見せてきた。

しかし、今回は何もできなかった。そもそも試合時間をわずか数十秒しか与えられないということは、日々の練習からもたらされた結果だ。アピールできていないことは明白だった。

そういった状況でも「自分の一振りで全てを変えてやる」「俺が決めてやる」、そうした気持ちで乗り込んだピッチだった。

島村は200試合出場、19ゴールという通算成績で現役を引退した。

フロント入りするまで

実は、島村が引退する数シーズン前から、フロント入りの話は持ち上がっていた。毎年、シーズン終了時の契約更新のタイミングで、クラブから「将来はフロントに入ってほしい」と持ち掛けられていた。特にGMの坂本紘司は、島村の将来のセカンドキャリアについて熱心に話していた。

島村自身もフロント入りには興味があった。「俺は何をすることになるんだろう。サッカー選手を辞めた後は何に取り組んでもいいし、ある意味自由だ。いや、何をしたいんだろう」そんなことを、ぼんやりと考えていた。

これまでにサッカーしかやってこなかった自分に、何ができるのだろうか。Jリーグでプレーする選手のほとんどは、このように考えているのではないだろうか。サッカー以外に何かやりたいことがあるかと言われても、パッとは思いつかいないものだ。
「俺、コーチになるんだ」、「俺は店を開くよ」——次のステップを決めている選手たちのことは、島村からするとカッコよく見えた。セカンドキャリアについてちゃんと考えている大人のように感じられた。島村自身としては、将来をちゃんと考えている者の方がすごいとか、そんな考えや焦りはまったくなかった。プロサッカー選手という、今一番やりたいことをやっているので、それ以上にやりたいことを見つけることなど難しいと思っていた。ただ一つだけ、スーツを着て働くような仕事をしたいという、漠然とした思いはあった。

それには、学生時代の同期たちの姿が関係しているのかもしれない。大学時代の同期とは、毎年飲み会で顔を合わせている。そんな宴席で、島村は当然、サッカーの話をする。それがみんなから「すごい」と言われる。

だが、島村からすると、ビジネスの話を普通にしているみんなの方がカッコよく見えた。みんながビジネスの話で盛り上がっていても、島村はその話に入ることができなかった。年を重ねるにつれ、みんなが話すビジネスの話もどんどん一人前になってきて、逆に、島村が憧れの感情を抱くことの方が多くなっていった。

一番やりたいのはサッカーだし、それ以上にやりたいことはない。それでも、みんなと同じようにビジネスの話もできるようになりたい。そんなことをぼんやりとセカンドキャリアのイメージとして持っていた。

だからこそ、坂本から、フロント入りに興味があるかと尋ねられた時はうれしかった。心の底から「ベルマーレでスーツを着て働きたい！」という気持ちでいっぱいになった。

ただし、自分が実際に引退することになった時、本当にフロント入りのオファーをもらえるのかは、また別の話ではないか。そうした不安があった。

2018年の夏が過ぎた。まだ代理人にも引退について話していないが、島村自身の中では、今年がラストシーズンだと決めていた。そろそろ自分からスポーツダイレクターの坂本に引退の意思を伝えようと考えていたものの、伝えるべきタイミングに悩んでいた。

10月のある日のことだ。チームは数日前にルヴァンカップ優勝を果たしていた。早朝に坂本から「事務所に来れる？」と呼び出された。

その一言だけで島村は全てを察した。自分から伝えようと思っていたため、これだとちょっとシナリオが違うとか、そんなことが頭を巡っていた。でも清々しいほどに「ああ、ついに来たな」という気持ちだった。

あの時のことを、島村は今でも鮮明に覚えている。部屋に入ると坂本はいつものように、いや、いつも以上に爽やかに、ルヴァンカップ優勝を振り返ったり、今までのクラブの歴史を振り返ったり、やっとベルマーレもここまで来たな、などと語り掛けてきた。雑談で島村をリラックスさせようという、坂本なりの気遣いを感じていた。

いよいよ本題かという時に、坂本が神妙な面持ちになった。いよいよ言わなきゃいけないという決意の顔。でも、ちょっとまだ待ってくれという感じで、口を開かない。

そのうちに、坂本は何も言わず涙を流し始めた。ただ無言で泣いていた。それを見た島村も、息ができなくなるくらい、むせび泣いた。二人の間に言葉はいらなかった。ただ二人は無言で泣き続けた。

あの時の瞬間を思い出すと、今でも涙が溢れてくる。島村は「あの時間は大げさでなく、僕にとって人生で一番いい時間でした」と振り返る。

どれくらいの時間が経ったのか、島村にはわからなかった。しばらくして坂本が口を開いた。坂本は、島村のことを何度も褒めた。島村の選手としての姿勢や人間性は、尊敬に値すると。

「よく頑張ったな。ただ、来季は選手として契約できない」

坂本はSDとして、振り絞るように伝えた。そして同時に、フロント入りについても、改めて島村にオファーした。

島村の中で気持ちは固まっていたため、即答したい気持ちもあった。しかし、まだ引退を代理人にも伝えていない。きちんと順番通りに話したいと思うので、返事は後日でお願いします、と坂本に伝えた。

坂本とは、引退の数シーズン前から、よく引退後の話をしていた。坂本から「選手をやめたら何したいの?」と、たびたび聞かれていた。

「営業をやりたいです！」

島村の答えに、坂本は「いいね。フロントスタッフみんなが歓迎するよ」と、返していた。

島村にとって、ベルマーレの中で最も付き合いが長いのが坂本だ。その坂本から誘ってもらえたことは、本当にうれしかった。島村にとって坂本は憧れの人であり、「ミスター・ベルマーレ」である。そんな坂本が、口にしにくい「契約満了」を直接伝えてくれたことに、島村は感謝しかない。

家に帰った島村は、妻に引退することを告げた。妻はすんなりと引退の話を受け入れた。

島村夫婦は、毎年「今年で終わりかも」「もう限界ギリギリだわ」など、日頃から現役選手引退について、冗談めかしながら話し合ってきた。そして2017年の時は、「今度こそ本当に最後の1年になる」と妻に伝えていた。

島村はプロ入り3シーズン目から毎年点を取り続けてきた。

「僕の価値は点を取ることだけです。そこに全てをかけて現役生活をやってきた」

そう言って、島村は胸を張る。だからこそ「点が取れなかったらプロ選手を辞めよう」と考えていた。自分で定めた「点を取れなくなったら選手を辞める」というルールは、特に細かいこと、例えばリーグ戦なのかカップ戦なのか、といったことを決めてはいなかった。

２０１６年の島村の得点はルヴァンカップの1得点のみで、リーグ戦は0得点に終わった。自分の中では「リーグ戦で点が取れなかったら」という気持ちがあったものの、チームが降格してしまった中で、どのようにこのルールを取り扱うべきか悩んでいた。

結局、「チームの初勝利となるルヴァン杯の予選でゴールを決めてるし、これはグレーとしかいいようがないので、さすがに辞めなくていいかな」、そんなふうに２０１６年シーズンの終わりに考えていた。

翌年の２０１７シーズンは、ホームの名古屋戦でゴールをあげた。夢でもあった子どもを抱いての初めての入場をした試合で、気合いが入っていたことが大きかった。そして次のゴールは、自身の誕生日翌日に生まれた。「やっぱり俺は持っている！」と、復活に自信を深めた。

そんな気合いと自信で迎えた２０１８年だったが、なかなかコンディションを上げられなかった。

ポジションコンバートから始まった現役生活

現役時代「湘南の虎」と呼ばれた島村は、自分で自身のプレースタイルを「野生」と表する。点を取る自信は常に持っていた。そのためのポジショニングに関しては、常に頭を回転させて、ゴールの匂いを嗅ぎ分ける。「親に感謝しなきゃいけない」という体格のよさを武器に、空中戦のヘディングは無類の強さを誇っていた。

足元の技術や体力には自信がなかった。それでも大学時代から点取り屋としての仕事を果たしてきた。プロになっても得点力とヘディングの強さは大きな武器となった。

しかしプロになって半年で、フォワードからディフェンダーへの転向の話があがった。当時の菅野将晃監督の提案だったが、島村自身もプロとして生きていくために、守備の選手になる決断を下した。むしろ、監督からそういう提案をもらえることは、ありがたい気持ちもあった。

島村からすれば、ディフェンダーへの転向は大きなチャレンジだ。守備に関してはまったくの素人。ゼロからのスタートとなるが、それでもやるしかないと強い決意を持っていた。

当時、フォワードのポジションを争っていたのは、石原直樹だ。石原はまごうことなき湘南のエースとして君臨していた。一緒にプレーしてみると、島村とは差があるのは明白だった。

石原は細い体でも当たりが強く、フィジカルに自信のあった島村も驚くほどだった。体の強さだけでなく、ボールコントロールの技術やヘディングの巧みさ、どれを比較しても自分がスタメンを取るのは難しいと感じた。スーパーサブとして試合に出て、短い時間で点を取る自信はあった。しかし、それではいつまで経ってもA契約※は勝ち取れない（※A契約には、J1で450分、J2で900分の出場時間が必要）。ディフェンダーとしての道を切り拓いていく方がチャンスがあると決心した。

ディフェンダーとして新たにプロ生活を歩み始めた島村だが、なにしろ守備のことはほとんどわからない。島村は大卒選手だったが、自分よりもいくつも若い高卒選手のディフェンダーも、先生のような存在になった。

当時の湘南ベルマーレには斉藤俊秀、ジャーン、山口貴弘など、守備の職人が揃っていた。彼らを師匠と仰ぎながら、最初は3バックの左や、4バックの左サイドバックをやることが多かった。

「左足でボールなんか蹴ったことないわ……」と独りごちるほどに、左足には自信がなかった。なんでこんなポジションでプレーしているんだろうと時に思いつつ、試合の出場機会を重ねていった。結果として、チームのＪ１昇格にも貢献することができた。

しかし、Ｊ１でのプレーには苦労した。当然のことながら、Ｊ１とＪ２には大きなレベル差があった。当初は「Ｊ１で活躍できれば人生が変わるかも」という期待もあったが、残念ながら思うような活躍はできず、チームも１年でＪ２に降格した。

Ｊ１で受けたカルチャーショックは小さくない。Ｊ２ではノリや勢い、そして自慢のフィジカルだけでなんとかやってこれた。しかし、それらだけではＪ１では通用しなかった。木っ端微塵にやられてしまった。

それでも島村は、ストロングポイントであるヘディングとゴールセンスに磨きをかけ、あとはとにかく体を張り続けた。だからこそ、大事な試合で点を取り、何度もチームを救うことができたのだろう。

「ここぞ」というところでの得点力に関しては、Ｊ１でも島村あり！と周囲に思わせるほどだった。それは島村自身も誇れるところだった。

プロに入って突き当たったフォワードの壁、昇格して感じたＪ１の壁。それらの壁にぶつかっても、島村は前向きに取り組む姿を変えなかった。ヘディング、フィジカル、得点力だけでなく、明るく、前向きに、コツコツと、一生懸命やり続けられることも、島村の大きな武器だった。

島村はプロ生活11年間のうち、10年を湘南ベルマーレでプレーした。在籍期間10年ともなれば、自然とフロントスタッフとの交流も深くなる。知らないクラブスタッフはいないくらい、スタッフとも打ち解けていた。

そうしたこともあり、現役を引退してフロント入りした時も、気持ちは楽しみな部分が大きかった。知り合いがいない別のチームに移籍してラスト数年プレーするより、知っている人に囲まれて、初めての仕事に取り組んだ方が楽しそうだなと純粋に思った。島村と同じタイミングで入る新人社員がいたことも、心強かった。

フロントスタッフとして働くのはゼロからのスタートだったが、「すぐに先輩たちを追い越してやる」というやる気に満ちていた。そして、実際に働き始めてみると、こんなに最高な職場はないと感じたという。

「なんで最高かって、ここにいる人全員が、ベルマーレが好きで集まっているんですよ。みんなで勝った負けたで一喜一憂する。負けたら本当に悔しがるし、勝ったらみんなで最高に盛り上がる。みんなの想いが一致しているのは、本当にベルマーレのフロントスタッフの強みだと思います。その団結力は絶対的なものがあります。選手生活が終わったのにそんなことが感じられるなんて、最高じゃないですか」

筆者が思うに、ある意味、選手たちよりもクラブスタッフのほうが純粋に団結できるところはあるのかもしれない。選手時代は、チームメイトは仲間でありながら、同時にライバルでもある。また、プロとして自分を高く評価してくれるチームに移籍していくものだ。

しかし、フロントスタッフは、選手に比べるとあまり移籍がない。隣で机を並べている仲間は、出場機会を奪い合うライバルではなく、チームのファンなのだ。

初受注の体験

島村は年明けを待たずして、２０１８年12月から営業としてクラブのフロントで働くこととなった。自ら営業をやりたいと言って配属された営業部だが、自信があったわけではない。経験のない自分に務まるかという少しの不安はあったが、それ以上に楽しみとワクワクが止まらなかった。

営業・島村毅としての最初の仕事は、お正月の挨拶回りだった。先輩営業の船越裕美に連れられ、スポンサー企業を回った。

当時のことを「とにかく緊張した（笑）」と振り返る島村だが、船越は、訪問先にはあらかじめ島村を応援してくれている企業を選んでいた。訪問先に着くと、先方からは大歓迎されるばかり。

行く先々で「島村さんの営業、いいね！」、「頑張れよ！」と次々に応援の声を掛けられ、島村にとっての営業初日は楽しく終わった。

これは、ベルマーレの中では「選手あがりの営業マン」のある種の儀式のようなものかもしれない。ベルマーレのレジェンドである坂本紘司も、営業職として歩き始めた時に同様の体験をした。先輩たちは、坂本のファンである企業から挨拶回りに連れて行ったのだ。

慣れない仕事の緊張感をほぐすにはちょうどよい。営業に行った本人は応援されてやる気がでるし、訪問先の企業側も、ついこの前まで選手だった人が来てくれる喜びがある。どちらにとってもプラスになるのだ。

島村からすると、営業は「楽しさしかない」という。

「もともとスポンサーしてくれている会社さんに行く時は喜んでもらえますし、新規のところに行っても、湘南ベルマーレのよさをどれだけ伝えられるかという仕事ですからね。元選手だと、サッカーの細かい話も交えながら伝えられます。湘南ベルマーレの話をすることが仕事なんて、楽しさしかないですよ。湘南ベルマーレをよく知らない人に好きになってもらうのは大変ですが、湘南ベルマーレのことを褒めまくって伝える仕事ですからね。最高ですよ」

営業としての島村が最初につかんだゴール、つまり新規パートナーを獲得したのは、茅ヶ崎にある「田舎艑本陣」だった。もともと島村は田舎艑本陣の常連客だった。しかしそれだけではなく、実は島村の大学時代のサッカー部の先輩が、大将と幼い頃に同じチームでサッカーをしていたという仲でもあった。いろいろな縁でつながっていたのだ。

きっかけは、その大学時代の先輩が「田舎艑がスポンサーを検討しているよ」と教えてくれたことだった。そこで島村自ら足を運び、提案に向かった。島村本人が営業に来たことで、大将は予定していた金額よりも増額して契約した。島村を可愛がるベルマーレのサポーターと田舎艑本陣で食事をしていた時も、そのサポーターが「大将！　島村を男にしてやってくれ！」と後押しした。

そんな周りの助けもありながら、島村は営業職として本当の第一歩を踏み出すことができた。初めて取れた契約は、島村にとってはこれ以上ない喜びだった。さらに嬉しいのは、多くの湘南ベルマーレのサポーターが田舎艑本陣を訪れるようになったことだ。大将からも「スポンサーになってよかった。島ちゃんが本当にいろんなところで宣伝してくれているおかげだね」と感謝の声をもらった。こんなことを言ってもらえる営業という仕事に、島村はやりがいしか感じていない。

元選手を育てる仲間たち

選手あがりが営業マンになるうえで最初に直面する壁が、パソコン操作だ。現在強化部である坂本も島村も、営業部に入った当初はワード、エクセル、パワーポイントなどを、ほぼ使ったことがなかった。営業職であれば、こうしたＰＣスキルは必須である。

坂本の時も島村の時も、営業部の先輩たちが手とり足とり根気強く教えてくれた。島村の隣の席は面倒見のいい小澤麻理子が座り、斜め前にはパソコン操作が得意な船越が座っている。島村が何かわからないことがあれば、すぐに答えを教えてもらえる完璧な布陣だ。

島村がたびたび質問しても、嫌な顔ひとつせず丁寧に教えてくれる。営業部の上司である加藤憲治郎も、島村のＰＣスキルを上げるために、資料作りの宿題を課す。そうやって営業部全体でサポートして、島村のＰＣスキルを向上させていくのが湘南スタイルだ。

島村にとってみれば、ＰＣ操作を覚えるのはたいした苦労ではない。リフティングと同じで、毎日続けていれば覚えるし、上達する。そうやってコツコツ続けて、少しずつうまくなっていく感覚自体が好きなのだ。誰もが最初からできるものではない。そう開き直ってＰＣと向き合った。

会社員は会社員で大変なことはあるが、プロのサッカー選手と比べると、やはりサッカー選手の方が苦労は多い。特に湘南ベルマーレは、Ｊリーグの中でもトップクラスにハードな練習をすることで知られている。

日々の練習と試合をこなしていくためには、徹底した体調管理と、メンタル面の維持が求められる。湘南の選手たちは本当にギリギリまで追い込んでやっているため、それをずっと続けていくことの難しさを島村はよく知っている。営業職になり、大きな提案をする時は、元プロ選手の島村でも前日から緊張する。それでもサッカーと比較すればたいしたことではない。

サッカーの場合、最高の準備をして最高のコンディションで試合を迎えても、0－3で負けることがある。1週間にわたって完璧に準備をしたのに、自分が相手にPKを与えて負けてしまうこともある。「それ以上につらい経験なんてない！」という心持ちで、今、島村は営業のフィールドで戦っている。これは営業マンとして大きな強みと言えるだろう。

島村は、多くのJリーガーたちが営業職に向いているのではないかと考えている。提案の一つひとつは勝負であり、分かりやすく結果が出る。だからこそ、多くのJリーガーに、引退後に営業に挑戦してみることを強く勧めたい。

選手を引退した人の中で、会社員としてスーツを着て働いている人は、決して多いとは言えないだろう。島村も引退した元選手の先輩後輩問わず「営業って、何をやっているんですか？」と、しばしば聞かれる。そのたびに島村は「すごく楽しくて、やりがいがある。お前も絶対やったほうがいいと思うよ」と返すという。

島村は、自分が選手のセカンドキャリアのお手本のような存在になりたいという。坂本のセカンドキャリアを間近で見ていたからこそ、強くそう思う。特に坂本はチームのレジェンドだったため、周りからのプレッシャーもひとしおだったことは、想像に難くない。それに比べれば、まだ自分はそこまでのプレッシャーではないのかもしれない。だからこそ今は「セカンドキャリアのお手本となる」という目標を持って、仕事に取り組んでいる。

営業を始めたばかりの頃、島村は仕事に不安があり、『たのしめてるか。湘南ベルマーレ２０１６フロントの戦い』の坂本の項目を何度も読んだという。今でこそ優秀な営業マンであったことを知られる坂本も、フロントに入ったばかりの頃は、何をやっていいか右も左もわからない状態だった。やることがなく、ＰＣをいじっているフリをして時間を潰すこともあった。

そんなある日、坂本は当時社長の大倉智に「営業に行かせてください」と直談判する。これが「営業・坂本」の道が拓けた転機となった。そんなエピソードを読み、島村は心構えを持っていた。

また坂本は、フロント入り2年目から営業部長を任されており、そうした人事を知れたことも、島村にとって大きなモチベーションになっている。

もともと島村は、社会人になったら営業職からキャリアをスタートさせるのがよいと考えていた。社会人としての基礎を学ぶのは、営業が最適であると。現役時代からさまざまな企業の社長と話す機会も多かった島村は、そのように肌で感じていた。

もし、たとえ今後他のことに挑戦したくなっても、営業の経験はずっと生きていく。例えば、スカウトや監督、強化部長になったとしても、営業の経験があるかないかでは大きく違う。

まずは営業としてトップの成績が取れれば、そこから違う景色が見えるはず。坂本の姿を見て学んで行けば、そこからさらに世界が広がると信じて、島村は邁進している。

第6章

それぞれの奮闘
～2020シーズン総括

代表取締役会長・眞壁潔インタビュー
「湘南ベルマーレのビジョンと哲学」

――ベルマーレは1999年から新しい出発をして、20年以上が経ちました。振り返ってみると、みんな、なんだかんだで眞壁さんの手のひらで踊らされているというか。いろいろな問題が起きても、結局ビジョン通り来ているなと感じます。

眞壁　ビジョンはあるけど、そんな手のひらで踊らせるみたいなことは考えたこともない。潰れかけたクラブとして、掲げなければいけないのは「潰れないクラブ」というビジョン。これは一番最初に掲げたこと。プロ野球の球団のような資本力があるわけではないヨーロッパのクラブが潰れないのは、どうしてだろう。地方クラブとして地域に愛されるクラブってなんだろう。そういうことを考えたり調べたり。やっぱり地域の人から愛されないとスポンサーにはなっていただけないし、ファンクラブも入ってもらえないでしょう。最初の3、4年はそこに苦労したから。そうやっていると、いろいろわかってきて、人材も含めて、その地域から支援していただくというのがスポーツクラブなんだなって。ヨーロッパのスポーツクラブはFCバルセロナも含めて、全部そうですよね。眞壁が無理やり「そこを目指せ」と言っているのではなく、みんながなんとなく「そうなりたいね」って思えるものでなければいけないと思います。

――目指すはヨーロッパのようなクラブですか。

眞壁　ヨーロッパに行った日本のサッカー選手は「湘南はヨーロッパのクラブを

目指してるんですね」って言うんだよね。向こうに行って気づいたと。我々が「鹿島アントラーズを目指します」といって、今の子どもたちの心に響くのかどうか。（楽天の）三木谷さんのようにバルサを目指すとか、いやいやポゼッションじゃなくてストーミングでドルトムントを目指すとか、そうした姿勢のほうが子どもに響くわけですよ。だからヨーロッパの最先端は常に見ていないといけないし、最先端に合わせてやっていかないといけない。この業界に入って間もない頃、試合に負けて家に帰り、夜テレビをつけるとヒデ（中田英寿）が出てた。

――中田英寿さんは高校卒業後、1995年にベルマーレに入団しました。

眞壁　彼はその後ペルージャに行って、その後ローマに行ったでしょ。僕はサッカーをやったことがない素人だけど、日本サッカーよりはるかにうまいし、速いし、強いということがわかる。そして日本サッカーもそれに近づこうとしていることに気づく。そこで大倉を呼んで、さらに曺も呼んで、そして監督に反町を呼んだ。反町マジックで11年ぶりにJ１に上がったけど、今のヨーロッパはさらに上をいってるから、もっと走らなきゃいけない。ヒデがいた頃よりもさらに走ってる。曺がコーチの頃、ドイツから帰って来て「彼らのサッカーなんて90分間走りっぱなしですよ」と言うわけ。「そんなことできないよ」と言っているのは、たぶん日本人だけ。だったら僕たちは選手を鍛えて、若手の力でこういうサッカーを目指そうと取り組んでいった。そうは言っても技術がまったくない選手では無理だから、持久力があって、走れて、体が強くなる素地を持っている選手がほしい。すると大倉が「強化費にこのくらいのお金がかかるから、眞壁さん、なんとかなりませんか」と言ってきて、じゃあしょうがないなって、そこから頑張ってお金を集める。当時はクラブライセンス制度がなかったので、まず大倉に「いいよ、それで進めて」と言えた。お金は後から集めればいいから。でも、今はそういうわけにはいかなくなりましたね。

――クラブが目指す姿は周りと共有できているのでしょうか。

眞壁　大倉も曺も、僕に何が必要かをわかりやすく説明してくれるわけ。彼らのアドバイスを取り入れていったら、少しずつ結果も付いてきた。結果が出てくると、だんだん周りの人もわかってくれるんです。アメリカのベースボールクラブのような形じゃないってことがわかってもらえる。我々がやろうとしているスポーツクラブというのは、非常にわかりやすいものだから、反対する理由がない。だから、みんなそこについてきてくれる。あと何年かかるかわからないけど、スポーツクラブの日本の歴史の中の変化というのは、湘南というクラブが初めてきっかけを作ったという風になっていくかもしれない。

――湘南ベルマーレがスポーツクラブの歴史を変えた、と。

眞壁　大きな成功をするのは我々ではなく他のクラブかもしれないけど、変化のきっかけを作ったのは湘南だと。水谷はもっとそこを突き詰めてくれると思ってる。ただ、やっぱり日本の素地には体育協会とか地域指導員というスポーツのベースがある。そことJクラブの理想との乖離があります。それはやっぱりお金じゃ解決できないし、解決していくには日々の活動しかない。そこから少しずつ納得してもらう。例えば行政や学校から「うちの部活を見てくれませんか?」と言われる時代がやってくるだろうと思ってる。うちが手をあげて自らやるというのではなく、行政のほうから「補助金はこれしかないけど、部活をなんとかしてほしい」と。その時にJクラブで何ができるか。たぶんビッグクラブは「急なことなので、うちはできません」と断ると思う。けれど、湘南ベルマーレは「うちならできますよ」というクラブになっていないといけない。そんな時代はすぐ来ると思うから、急いで準備していく必要がある。社会のニーズが高まると、日本の政策は一気に話が進む。最初の勢いに乗れないと、成功例が残らないから、失敗という烙印を押される。うちは成功できる素地を持っているから、最初の波に乗らないといけないなと、そんなふうに思っています。

――大きいビジョンはそこで、それを実現させるための細かい施策があるわけですよね。その一つひとつが、本当によく考えられているなと感じます。

眞壁　今は考えているのは現場の人間で、僕はあまり考えていませんよ。

――選手をフロントに入れるというのも、眞壁さんの発想ですよね。少し昔の話になりますが、馬場選手と猪狩選手を「ホームタウン出身の子だから」という理由で眞壁さんが呼び、「お前ら将来はどうするんだ。何か考えているのか」と尋ねたと。そういうことが、この湘南ベルマーレではものすごく大事なことじゃないですか。プロでしっかり活躍した選手が、引退後にガチガチの営業として働くクラブはここくらいだと思います。

眞壁　ヨーロッパに行くと、そうしたクラブが多い。ビジャレアルを視察すると、「あそこのスタッフは元選手、あの営業スタッフは元女子のチームで得点王だった」とか紹介されます。それがクラブの基本だろうと思います。プロの選手としての厳しさがベースにあれば、営業はできる。営業をやってると、例えば営業先から「うちの宴会に選手を呼んでほしい」と言われることがあるんですよ。そこで「すみません、できません」、「シーズンオフなら検討します」って言うと、「なんでよ、1日2時間しか練習しないんだろ、冷たいなあ」で終わっちゃう。でも島村や猪狩が「実はプロってこうこう、こうなんです」と経験に基づいた話をすれば、説得力があり、向こうも「なるほど」となる。

――元選手ならではの訴求力があるのですね。

眞壁　プロだから人気商売だと言うけど、シーズン中は一致団結しないといけないのに、人気選手ばかり呼ばれちゃうという現実があるわけです。うちみたいなチームはそうではなくて、ちゃんと時間軸を示しながら「スケジュールが合う時は対応しますが、それ以外は難しいです」ということを伝えます。僕が言うよりも島村や猪狩が言ったほうが、相手だって納得する。坂本紘司が営業部長になった時、「僕、サッカーしかやったことないから、何の縁もないんですよ」と口にすると、営業先は「そうだよな、ちょっと待ってろ。電話してやるから」と、次へつないでくれる。紘司はこうやって数字を増やしていった。僕や水谷が同じことを言っても「そうですね、考えておきます」、「どこかあったら連絡しますよ」で終わってしまう（笑）。でも、紘司の場合は「同級生が建築やってるんだよ。1万円か3万円かわからないよ」って、その場で電話してくれる。それはやっぱり、選手として頑張ってきたことの価値とも言える。それはとても大事なこと。親会社から出向で来て営業やってますなんてやつに、営業先は協力してくれませんよ。そこには瞬間的なやりとりはあっても、将来につながる縁は全然生まれない。でも、選手はそうじゃない。この業界で選手に勝るものはない、ということです。

営業・島村毅インタビュー「僕は営業のマルセロになりたい」

【島村　毅（しまむら・つよし）プロフィール】

１９８５年８月10日生まれ、埼玉県越谷市出身。早稲田大学卒業後、２００８年に湘南ベルマーレ加入。主にディフェンダーとしてＪ１・Ｊ２通算２００試合（19得点）出場。Ｊ１・84試合（６得点）Ｊ２・１１６試合（13得点）出場。２０１８年シーズン限りで現役を引退し、２０１９年１月より湘南ベルマーレのセールスユニットとして営業を担当。

――今年で営業2年目を迎えるにあたって、1月の段階で、今年はどんな年にしたいと思っていましたか。

島村　今年の目標というよりは、営業になった瞬間からユニフォームの広告枠を埋めたいというのが、夢というか野望だったので。金額的にも高額ですから、本当に難しいですね。でも、これからも変わらず、それが目標です。

――開幕を胸スポンサーなしで迎えた年もありましたから、余計にユニフォームスポンサーに思いが強いというのもあるのでしょうか。

島村　その通りです。ユニフォームに企業名を入れるというだけで、お金をいただくのは本当に難しいです。ただ純粋に応援したいという気持ちだけでスポンサードしてくださることもありますが、基本的にはスポンサードするメリットをしっかり感じていただけるようにしたいと思っています。特にユニフォームスポンサーは、先方にとって「やってよかった」と思えるようなものを提案しなければば、獲得できないと思います。そして、それが営業の醍醐味だと。ただ営業しても、反応してもらえることはほとんどありません。普通に考えて、金額的に高額なので。もともとユニフォームスポンサーになりたいという考えがある会社であれば、営業すれば刺さりやすいかもしれません。ただ、コロナもありますし、こういう時世もあって、さらに難しくなっていると思います。常にユニフォームスポンサーを獲得することを考えながら営業していますが、実際の営業頻度は看板や、バナーと言われる幕の部分を説明する機会の方が多いですね。

――ユニフォームスポンサーの次に金額が高いのは看板ですか？

島村　基本的には着るものが高いです。公式戦の練習着だったり、普段の練習着。公式戦の練習着はホームゲームだけでなく、アウェイでも着用するので、露出は看板の倍になります。そうなると金額はおのずと増えていきます。看板関係でいうと、ホームゲーム20試合の露出となります。看板はDAZNでも映りますし、実際にスタジアムに来ていただいた方にも見ていただけます。あまりDAZNに映らない看板でも地元のコアなサポーターに見てもらえればいい、そんな需要があって掲出する場合もあります。

――実際にはどのような形で営業されているのでしょうか。

島村　アポの取り方によって変わってきますね。僕はありがたいことに、紹介営業が多いです。先輩たちから「あそこ行ってみな」とか、「あそこの社長が興味あるって言ってたから、説明しに行ってきて」みたいな形で行くことが多いので、先方もある程度心の準備をしてくれている状態です。その中で、まずベルマーレはどんな歴史を持ったクラブで、どういうサッカーをしているのかを説明します。さらに今の経営状況や予算規模をお伝えして、J1の平均には全然たどり着いていないことを知ってもらうことも大事です。ベルマーレのことを熱く語りつつ、ベルマーレのスポンサーになるとどんなメリットがあるかを説明します。その他にもCSRとして地域貢献、社会貢献の部分でも、ベルマーレはいろいろな取り組みをしていることを伝えて共感してもらって「そういう取り組みなら一緒にやりたいね」と言っていただいたり。例えば、看板ではなくアカデミー生へ支援してもらったり。

――ベルマーレの魅力を熱く語るというのは、どのようにされているのですか？

島村　どのチームよりもハードワークするところが、我々の代えのきかない武器だということを伝えます。「試合の走行距離がずっと上位です」とか、「僕が現役の時の方がもっと走ってた。だから練習もきつかった」とか。「試合で一番走るということは、とんでもない練習をしているんですよ」みたいに、僕の選手時代の話を交えながら。紹介営業だけでなく、自分で企業を調べて新規開拓もします。新規は基本的に興味がない状態からのスタートですから、当然、僕が選手だったことなんて知りません。そういう時は、テクニックもパワーもより必要です。

――どんなテクニックを使うのでしょうか？

島村　いいテクニックがなくて困ってます（笑）。先ほどの話と重なりますが、チームの歴史や、予算規模をより細かく伝えて、まずベルマーレのことを知ってもらう。ただ、いきなりどんなチームかを説明しただけで、お金を出してくれるわけがない。いったんチームのことを説明したら、一度、スタジアムで試合観戦していただけるように誘います。スタジアムにお越しいただいて、「看板やユニフォームは、これだけの人が見ていますよ」と。そして、選手の頑張りですね。営業と試合の結果はかなりリンクします。勝ち続けている時の方が当然「ベルマーレ調子いいね」、「いいサッカーしてるね」となって、話が弾みます。逆に「ベルマーレすげえ弱いじゃん」、「いつ行っても負けるじゃん」みたいな話をされると、やはりなかなか難しいですね。

――そんなストレートに言われることもあるんですね。

島村　もちろん。今年はなかなか難しい戦いが続いているので、すごく感じます。営業の同僚とも「勝った後は営業に行きやすいよね」ってよく話します。冗談で

「ベルマーレ弱いじゃん」と言われても、「いやいや、ここからです！　だからこそ応援してください！」なんて切り返したりします。だから営業部は誰よりもチームを応援していると言えるかもですね（笑）。勝つと、本当に営業がやりやすいですから。

――改めて、ベルマーレのクラブスポンサーのメリットを、露出以外の部分を教えてください。

島村　まずはシーズンシートが、金額に応じてつきます。また、スタジアム近くの駐車場に車を停められるというのもあります。お渡ししたチケットは、自分たちで楽しむために使っていただいてもいいですし、その企業のお客さんに「試合にご招待します」と、プレゼントで使ってもらっても大丈夫です。福利厚生として、社員さんやご家族に楽しんでもらったりしてもかまいません。他には権利として、例えばショッピングモールであれば、選手や監督のトークショーをする権利を付けたりします。サッカー教室であれば、選手にゲストとして参加してもらって集客を手伝ってもらったり、そこで例えば入会キャンペーンのようなことも行えます。スポンサーとベルマーレのダブルネームで、ノベルティグッズとしてボールペンやクリアファイルをプレゼントすることもありますね。

――現在、スポンサー企業はどのくらいいるのでしょうか？

島村　ベルマーレにはオフィシャルクラブパートナーとサポートコーポレーションを合わせて、600社弱のスポンサー企業がいます。600社弱あるので、企業同士が取引を行うビジネスマッチングもできます。ベルマーレという共通の話題で盛り上がっていただき、一緒にベルマーレを応援している会社同士で仕事でも絡んでもらう。そういう話も、最近、本当に増えています。

――具体的にはどのような事例がありますか？

島村　例えば、「湘南ベルマーレカレー」を作っていただいているフリーデンさんと、「ベルマーレごはん」を作っていただいている濱田精麦さんが、一緒にカレーアンドごはんブースを出して、どちらも売れるようにセット販売しました。1000円以上購入で、くじ引きで選手の着ていた練習ウェアが当たるというキャンペーンを実施し、非常に喜んでいただけました。他にも、スポンサーパーティーが年に2回あるので、選手スタッフ、スポンサー全て出席して立食パーティーをやっています。そういった中で名刺交換やお話を通じて、ビジネスにつなげていただく。企業の社長さんが来られる場合も多いので、若手の営業さんが来て、挨拶回りしていただくこともあります。最近はポロシャツやマスクを作るケースも増えてきました。ＢｔｏＣの会社さんでは、ユニフォームにベルマーレのロゴが入っている制服を着て営業に行くだけで、「お、ベルマーレじゃん。スポンサーなんですか？」みたいな話で盛り上がって、ご成約するケースが非常に増えたとか、そういったお話もよく聞きます。

――ベルマーレが架け橋となって、ビジネスが広がっていくイメージですね。

島村　パートナーとパートナーをつないで、新しいことがいろいろと始まるのは、本当にうれしいです。「(相手を) 紹介してよ」って言ってもらえたら、「先方に聞いてみますね」と対応します。そうすると喜んでもらえて、よかったなと思います。「これだけでベルマーレのスポンサーをやってるメリットがあるよ！」なんて言ってくださる企業さんもいらっしゃいます。

――ビジネスマッチングは、まだまだ伸びしろがありそうですね。

島村　これだけパートナーが多いというのは、まだまだ知られていないのかもしれません。僕らがもっとご案内しなきゃいけない部分ですね。あそことあそこが一緒にやったらいいんじゃないかとか、もっとあるでしょうから。また、ビジネスマッチングではないですが、田舎鮨さんがスポンサーになってくださり、サポーターのみんなが通ってくれているんですよ。田舎鮨の大将が「ここでお寿司食べてから試合に行くと、勝つんだよね」と言ってくれるサポーターがいると、話してくれました。そういう話を聞くと、本当に営業をやっていてよかったなと思えます。ビジネスマッチングだけでなく、そういったことでも、ベルマーレを通してつながっていくこともあります。これからは人と人をつなぐ役目も、もっとしていかなきゃなと。

――今シーズン始まる前の営業部としての目標を教えてください。

島村　前年度がスポンサー収入で約12億円、会社全体として収益が27億円だったので、30億を目指そうというのがありました。

――島村さん個人に課されたノルマはありましたか？

島村　ノルマに関しては、個人に任せてもらっている部分はあります。僕も自由にいろんな企業さんにアタックさせてもらっています。そんな中で、改めて新規営業にもっともっと力を入れようという話になりました。若い後輩も2人入ってきて、営業部全体の人数も増えました。

――具体的には、どこの新規開拓に力を入れているのでしょうか？

島村　まずは平塚。近くの工場や古くからある会社を割り振って、みんなでご挨拶に行こうと取り組みました。これだけ近くにあっても、実はまだ何も絡みがないのは、もったいないと思っていました。もしかしたら向こうはちゃんとベルマーレのことを認識してくれているのかもしれないですからね。スポンサーとは、どういうものなのか。ただお金出すだけだと思われている可能性もありますよね。ちゃんとメリットがあることはおそらく知られてないですし、もしかしたら、その企業にベルマーレサポーターの社員さんがいるかもしれません。そういったことを期待して、みんなで手分けして、まずはご挨拶に行ってつながりを持とうと。すぐにスポンサーになるケースはほとんどありませんが、まずは絡む機会を作らせてもらって、そこからちょっとずつベルマーレを好きになってもらえたらいいじゃないですか。そんな活動を、営業部みんなでしています。特にしばりはなく、行ける時にどんどん行こうと。

――昔から平塚にある会社だけど絡みがなかったところには、どうやって新規の営業をされるのでしょうか?

島村　自分の場合、電話やメールでアポを取ります。挨拶して、座ったら全部自分から仕切って話します。相手は、こちらの話を聞いてくれるだけです。すぐに質問とかしてくれたら話も乗っていきますけど、ただひたすら自分で説明します。説明が聞きづらいかなとか、ずっとベルマーレの歴史を話しているけど、ないほうがよかったかなとか、自分でも探り探り。日々反省しきりですね。本当に難しいです。でも、こういうことは、続けていけば少しずつ距離が縮まるものだと思います。そこからスタジアムに招待したりして、興味を持ってもらえたらいいな、と。いきなり決済権を持っている方と会えることは少ないので、まずは最初にご対応いただいた方にしっかりメリットの部分を説明します。上に確認しますという形になってから、なかなか先に進めないことも多いです。そうしたら次の手で「一度スタジアムに来てください」と。スタジアムに来ていただいて、社長にお会いできると、一気に話が進むこともあります。

――新規の営業はやはり時間がかかりますね。

島村　そうですね。横のつながりでご紹介いただく形のほうが実際多いですし、話も早いのは間違いありません。「うちはベルマーレのスポンサーをやっていて、おもしろいからお宅もどうですか?」と、つないでくれる企業さんが結構あるんですよ。それは大きいチャンスですよね。せっかくつないでもらったのですから、ベルマーレのよいところをしっかり説明して、スポンサーになりたいなって思わせるようなトークをしなくちゃいけない。一緒に飲みに行ったりすることも多かったけれど、コロナ禍の状況で自粛になってしまい、自分の持ち味半減という感じで困っています。去年はまだ営業の駆け出しで、つながりが乏しかったのですが、いろいろなところに顔を出していくと、逆に今度は向こうから誘ってくれたりして、いろいろな人と名刺交換させていただきました。そうやって縁が増えていくと、そこからまた新しいつながりがどんどん増えていくんですよね。そうやって紹介してもらいながら、1年間やってきました。僕のことを知ってる人もいましたし、ずっと応援してたよと言ってくださることもあって嬉しかったですね。

――改めて聞いていると、島村さんは営業に向いているんじゃないかと。

島村　どうですかね。話すのが本当に好きで、ご飯に行ったり飲みに行ったりするのも本当に好きではあります。途中から仕事を忘れるというか。忘れちゃいけないんですが（笑）。でも、お金の話ばかりというか、肩に力が入った状態で目が¥マークになっちゃうような話ばかりしていたら、絶対にうまくいかないんですよね。だから時には、お金のことはあえて忘れる。

――会社と会社ではなく、人と人とで付き合う。

島村　そうですね。その場でおもしろい人ばかり紹介してもらうので、人としてのつながりも深くなっていきます。

——おもしろい人にはおもしろい人を紹介しよう、というのはありますね。

島村　友達といったらあれですが、おかげさまで、本当によく誘ってくれる人が増えましたね。どんどん忙しくなりますが、おもしろいですよ。営業やっていてよかったと思います。飽きないですね。いきなりヨガに誘われたりして、僕も即答で「行きます！」みたいな（笑）。

——ヨガですか（笑）。どんなつながりでヨガに誘われたんですか？

島村　「ヨガやるから、ユニフォーム着て来てよ」って言われて。ちょっと気後れするところもありましたが「ヨガおもしろそうですね」って。そうやってビジネス関係なしに、休日のプライベートに近い誘いでも行っちゃいます。おもしろそうですし。スポンサーさんに頼まれたから、というのは多少はありますけど、あまりビジネスビジネスせずに、楽しそうだから、行く。

――他にはどんなお誘いを受けるのでしょうか？

島村　フットサルも呼んでもらうことがすごく多いです。僕も体を動かしたいし、せっかく誘ってもらえるので行きます。そこで「多少セールス案件ないかな？」と思っていると、「シマさん、引退して営業やってるんだよ」って、みんな必ず紹介してくれるんです。そこでそんなにガツガツせずに、さりげなく「どうですか？」って話すと、「一口いいよ」、「知り合いが興味あるかも」などと言ってもらえたり。もしかしたら、ただのフットサルかもしれないけれど、全てがビジネスチャンスにつながる可能性もあります。本当にいろんなところに顔を出していますよ。例えば、知り合いのお子さんや社員のお子さんにサッカーをやっている子がいて「どうやったらリフティングがうまくなるの？」なんて聞かれたら、すぐに「教えに行きますよ！」と答えたりして。それで一緒に公園でサッカーすることもあります。求められるというか、そうやって誘ってもらえるのが本当にありがたいことなので、どんなことでも足を運ぶようにしています。

——元プロ選手って、言い方が悪いですが、ちょっとお高くとまっていて「素人とボールなんて蹴らねえよ」みたいなところがあるのかなと。そういうのはまったくないんですか?

島村　ないですよ。むしろ、元プロってことでたくさん誘ってもらえるのは僕の強みだと思っていますから。J１レベルだと僕はすごく下手くそだったんですが、ヘディングやフィジカルではまあまあ自信がありました。でも、フットサルに行って、強烈な競り合いをする場面なんてないですよね。僕の長所を出す場面がないんです。それでも、「全員サッカー経験者です」みたいな集まりに呼ばれることは少ないので、みんなで楽しく蹴るという中でやらせていただいたら、さすがに僕はうまいので(笑)。「さすがプロだね」って、喜んでいただけたりします。「一緒にボールを蹴らないよ」なんていうのは、まったくないです。むしろ緊張する(笑)。元プロという目で見られるので、「思ったほどうまくないな」と思われたら嫌だなって。最初のレベル感を確認するまではいつも緊張しますね。

――若い子がいると、しんどく感じる時もありますか？

島村　今のところはまだないですね。そろそろしんどくなってくるでしょうね。レベルを確認して、どこまで自分の力を出していいかは確認します（笑）。様子を見ながら、ドカンと吹き飛ばしちゃう時もあります。

――本当にうまい人って、いろいろなレベルに合わせて蹴ることができますよね。激しくなりそうな時でも余裕を持ってプレーできる人が、本当にうまい人だなと思います。

島村　そうなんですよ。そこは自分も見せたいところなので、小さい子どもが自分のチームにいたら、どうにかこうにかその子に点を決めさせてあげたい。寄せ集めのチームをうまくチームとして機能させられるかというのも楽しいですよね。そういう巧みさがエンジョイのフットサルには一番必要になってくるので、難しいと思いながらも楽しみながらやっています。呼ばれたフットサルで、いきなりドリブルしてドカンとシュートを決めても、ちょっと違うんじゃない？みたいな空気も生まれるじゃないですか。そういうのもあって、フットサルは難しいし、緊張するということですね。サッカー選手だったことでボールを一緒に蹴る人が増えて、それが営業につながることもあるなと改めて思います

――営業だけでなく、スクールコーチもやられていて、本当に忙しすぎじゃないですか？

島村　スクールコーチをやっているので、人に何かを伝える練習にもなっています。営業をやっていると、なかなか運動する機会がありませんが、スクールコーチは体を動かせるいい機会にもなっています。ずっと会社にいるんじゃなくて、グラウンドでボールを蹴ることは精神的にもすごくリフレッシュになります。さらに「コーチもできる」という強みにして、営業にもつなげることができています。そういう意味で今は最強、最高の環境だと思っています。

――コーチから営業につなげるというのは、スクール生の親とつながることもあるんですか？

島村　さすがにそこまでは（笑）。スクールコーチの時は積極的に営業はしませんが、もし向こうからそういう話を振っていただいたら、もちろん営業します。サッカーが教えられることで、いろいろなフットサルや子どもがいっぱいいるところに呼んでもらったり、みんなの前で話をしたりすると、スポンサーの方たちにも喜んでいただけます。「島村毅のサッカー教室」みたいな形で、イベントとして組んでもらうこともあります。リフティング講座とかもやりました。そういったことは営業とリンクするので、強みになっています。

――営業をやってみて、楽しかったことを教えてください。

島村　営業の楽しさは、コミュニケーションを取ることが仕事だということですね。今年は自粛で難しいですが、飲みに行くこともちゃんと仕事なんですよ。飲みの中でお金の話ができたり、いろいろなお知り合いを紹介していただくこともあるので、そうなると、それは仕事じゃないですか。これが仕事だというのは、うれしさしかないですね。あとは、ベルマーレの営業はいろいろなことをやらせてもらえます。自分でパソコンを使って資料を作ったりするのはどこでも当たり前かもしれないですが、システム入力や試合の時は運営も手伝ったり、アウェイバスツアーでバスガイドをやらせてもらったり、イベントMCをさせてもらったり、お祭りとか豆まきで呼んでもらったり。何でも屋じゃないですが、いろいろなことをやらせてもらってるので、大変だけど楽しいですね。

——逆に、つらいことは何でしょうか？

島村　営業でつらいことは……。営業は数字なので、何件も一生懸命回ったのに、1件も受注できなかったら、「仕事しているのか？」という話になります。仕事してるのかしてないのかわからないような人でも、いきなり1億円を取ってきたら、めっちゃ仕事してる！ということになりますよね。数字にはっきり現れるのが、営業の仕事ですね。

――そこはストライカーと近いですね。最後は点を取らないとダメというか。

島村　そうなんです。本当に自由なスタイルでやらせてもらっているので、しっかり結果を残さなきゃいけないと思っています。そのプレッシャーは常に感じていますね。簡単なことではないので、常に学びながら進んでいく感じです。スポンサーさんの数が非常に多いので、担当させていただく会社がすごく多いんです。ありがたいことです。けれど、会社の数が多い分、時間の使い方が非常に難しくなってきます。僕はスクールコーチも兼任させていただいてるので、「いつ、あそこに顔を出そうかな?」みたいな時間の使い方ですね。「ここは明日行こう」と思っていると、また別の仕事の電話が来て対応しなきゃいけなかったり。そういった中で、仕事が終わらないと言いながらも、仕事があるうちが華だよねって言いながら、それでも終わらねえな、みたいな。でも、それも充実感かなって思えます。大変だけどつらくないですね。

――数字を出さなきゃというプレッシャーがあるとおっしゃいましたが、実際、数字的に島村さんはどうですか？

島村　基準がわからないですが、僕が設定している基準でいうならば、ユニフォームスポンサーを取れていないので、全然ダメだと思っています。ユニフォームスポンサーを受注できたら、本当にうれしいですね。「あそこのスポンサーは俺が取ってきたんだぜ！」って友達に言えたら「おおおー、すごい！」ってなるじゃないですか。やっぱりそこを目指しています。

――今、大口は取れていますか？

島村　なんとも言えませんが、自分一人の力で取ったというよりは、みんなで協力し合いながらという感じですね。チームプレーで営業させてもらっているので、先輩のサポートが非常に大きいです。本当にありがたいことに、先輩たちにはいつもサポートしてもらってます。

――どのようにサポートしてくれるのでしょうか？

島村　例えば、ユニフォームに興味がある会社が出てきたら、すぐにペナルティさんに頼んで、ユニフォームに仮でロゴを入れてみて、「実際にはこんな感じで入ります」というサンプルを作ってもらいます。ある日、時間が限られた中で作らなきゃいけないという時があったんですが、雲出さんが埼玉まで車をかっ飛ばして行って、すぐ貼ってもらってくれたんです。そのあとすぐアポだったので、渋谷の１０９の前で落ち合って。渋谷のど真ん中にベルマーレ号というベルマーレのド派手な営業車で降り立って、ベルマーレポロシャツを着て、ベルマーレのユニフォームを掲げながら待っててくれて、「お前これで絶対に決めてこい！」みたいな感じで。本当に感動しますよ。先輩にそこまでしてもらって、プレッシャーを感じますけどね（笑）。でも、チームプレーはとてもありがたいです。先輩たちが本当にすごい。雲出さんやリーダーの加藤さん、本当にすごいんです。あれくらいできるようになると、余裕も出てきて、もっと楽しく働けるのかなと思いますね。

――そういう意味では、理想になる先輩がいるのは最高の職場環境ですね。

島村　本当に最高なんですよ。雲出さんと加藤さんは、またタイプが全然違うんです。雲出さんは「ザ・営業マン」で、一緒に商談の席につかせていただいた時とか、先方の雰囲気を感じて、僕は今日は難しそうだなって思っていたのに、雲出さんはいつの間にか先方と肩組んで仲良くなってるみたいな。懐に入る能力がとんでもなく高いです。今までの長い経験値もあるし、ベルマーレの良さを語らせたらピカイチです。最初の頃はずっと一緒に営業に連れて行ってもらいました。加藤さんは、またまったく別のタイプです。野球界で活躍された人ですが、いろいろな経験値や引き出しの多さ、アイデアというところが巧みなんです。ビジネススキルの部分ですね。技巧派といいますか、アイデアや企画で相談したら、必ず何か教えてくれる。そういった2つのタイプの先輩がそばにいることは、本当にいい環境で働けてるんだなと、強く感じています。

――他にはどんな方と一緒にお仕事をされているんですか？

島村　隣に（小澤）麻里子さんがいたり、斜め前に船越さんもいて。船越さんも本当に「ザ・営業マン」って感じです。資料作りもすごく細やかで、いろいろなことができます。ずっとつきっきりで教えてもらって、少しずつ成長させてもらっています。そして、本当に女神のような優しさをもつ麻里子さんが隣だったので、一から十まで手取り足取りずっと教えてくれて。僕も朝から晩までわからないことは、ずっと質問攻めしてるみたいな。それでも嫌な顔一つせず、なんでも答えてくれるんです。本当に超ありがたい環境で仕事させてもらっていると思います。だから、大変なことなんてないですよ。大変なのは、結果に対するプレッシャーだけです(笑)。こんなに楽しい楽しいと言っていて、1件も取ってなかったら「何楽しそうにしてんだよ。必死にやれよ。死に物狂いでやれよ」と言われて、すみませんって謝るしかないじゃないですか。

――遠藤さちえさんから、営業部に異動になり、初めて大型契約を取れた時はめちゃくちゃうれしかったという話を伺ったことがあります。島村さんもそうした経験はありますか？

島村　サポートコーポレーションの時もパートナー契約の時も、どちらもすごく印象的でした。たまたま仕事帰りに馴染みのご飯屋さんに行ったら、そこのマスターが「引退して何してるの？」って話を聞いてくれて。「営業マンになって、スポンサーを集めてます」と言ったら、「それ、いくらからあるの？」と聞かれたので、「これくらいからやれますよ」と話したら、即決で「やるよ」って言ってくれて。初日とかじゃないですかね。営業になった初日か、2日目くらいに行って、即決で決まって。本当に人に恵まれています。あとは、オフィシャルクラブパートナーの田舎鮨本陣さん。最初は予算的に少ない額ならやってもいいよって思っていたらしいんですが、紹介してくれた方のサポートだったり、僕が泣きついた部分もあって、大幅に増額してもらえました。それぞれ1件目というのは、とても印象に残っています。本当は全部に対して、もっと、ずっと丁寧に対応しないといけませんが、1つ目はどうしても思い入れが強いですね。

――泣きついたというのは、すごいですね。サッカー選手が、ある意味プライドを捨ててお願いするって、なかなかできることじゃないですよね。

島村　そういうプライドはないです（笑）。

――実際の金額はいくらだったのでしょうか？

島村　詳しくは言えませんが、大きな額です。本当にうれしかったですね。でも、本質的には金額じゃないと思っています。大きな会社にとっての100万円と小さな飲食店の3万円は、もしかしたら同じようなものかもしれません。だから、大きい会社のほうを丁寧にとか、気を使うとかではダメだと思うんです。そもそも、僕にというか、チームにお金を出してくれること自体がありがたいことなので。もし僕がもっともっと経験を積んで、後輩や部下ができたとしたら、金額じゃないんだよって伝えたい。すべてのスポンサー企業様に対して、誠心誠意の感謝の気持ちを持って接しなさいと伝えたいですね。でも、時間は限られているので、バランスよくやらなきゃいけないこともあるとは思います。

――胸スポンサーの億や何千万を取るために、島村さんに何が必要だと思いますか？

島村　情熱と提案力の両方が必要だと思います。情熱や勢いは自分でも申し分ないくらいあるつもりでやっています。でも、それだけじゃだめですね。1億円くださいって情熱的に訴えたからといって、成約率が上がるわけじゃないですからね。そこからは提案のスキルの部分だと思います。

――スキルというのは、メリットをうまく説明するところも含めてでしょうか。

島村　そうですね。そこだと思います。相手の要求に応える、相手の課題をうまく引き出す。自分から相手の会社の弱点や課題を指摘してもダメなので、うまく会話の中から引き出さなきゃいけない。先方に「これからこういうことをやっていきたいんだよね」と言わせる。例えば、リクルートで新人が入ってこないとか、全国的に知名度が足りていないとか。あとは、社員に何かしてあげたい、お客さんに何かしてあげたいとか。そういう話をうまく引き出して、「ベルマーレならこういうことができますよ」と。

――営業は、相手の課題やニーズをいかに引き出すかが大事ということですね。

島村　まさにそうですね。自分たちから発信する能力だけではなく、聞く力も大事になってきます。僕は不安になってしゃべっちゃうこともあります。誰かが言っていましたが、やっぱり、よい営業は聞き上手。自分はそこがまだ、あまりできてないところですね。そこが伸びしろです。ベルマーレのよいところを伝えるのは得意なんですけどね。

――島村さんは、どんな営業マンになりたいですか？

島村　難しいですが、今のスタイルでちゃんと数字を取れたら、それが一つの理想だと思っています。楽しくコミュニケーションを取りながら、相手からいろいろ要求してもらえたり、お願いごとをされたり。「あいつに頼めば、なんとかなるよ」と思ってもらえて、どっしりと構えて頼りになる存在に、僕はなっていきたい。それでいて、きちんと数字を残してる、みたいな。「なんか楽しそうだけど、ちゃんと仕事してるよね」って言われる存在。そういった意味でいうと、水谷さんは本当に理想です。なんであんなにずっと笑っていられるのかなって。結構いろいろと大変な状況もある中で、いつもマジでかっこいいんですよ。笑顔で冗談ばかり言っているけど、まさに、高田純次みたいな。でも、鋭い言葉も発するし、ちゃんと周りも見えていると感じることも多いです。講演にお供させてもらうと、本当におもしろくて、身に染みるお話も聞けるし、理想ですよね。ああなりたいです。そんな人が社長って最高ですよ。

――改めて、もう少し水谷社長についてお聞かせください。一言で言うと、水谷さんはどんな人ですか？

島村　一緒にいると、ずっと楽しい人です。高校、大学の先輩です。早稲田がらみの話でも共通の知り合いがいるので、共通の知人の話もよくします。僕が選手だったので、サッカーの現場レベルの話もいろいろしてくれます。水谷さんから「あいつは今どう思ってるんだ？」とか、サッカーの試合の後も「今日こうだったね」とか、たくさんコミュニケーションを取らせてもらってます。僕は朝早く出社するんですけど、早く来てたまってる仕事をやっちゃおうって思う時もあるのに、水谷さんも結構早い時間に会社に来るので、結局水谷さんとしゃべっちゃうんですよね。せっかく早く来てるのに、しゃべっちゃうんですよ。でも、それが僕にとっていい時間だったり、楽しかったりします。僕が知らないチームの状況とかも教えてくれたり。それは充実した時間になっていますね。

――決して怒ったりはしませんが、ピリッとさせるのはうまいですよね。何面も

顔がありすぎて、どれが本当の水谷さんなんだろうと思うことがあります。

島村　僕のイメージはいつもふざけてるけど、ちゃんとしてるというイメージです。だから、かっこいいんですよね。やることやっていてふざけてるのは、僕はいいと思うんです。やることやってなかったらダメなんですけど、しっかりやっていてその上で周りを明るくするために冗談を言ったりするのはオールOKじゃないですか。そういう仕事ができて、肩の力が抜けていて。冗談ばかり言っているけど、数字残してるというのが僕の理想です。サッカー選手でいうと、僕の憧れの選手はマルセロ。日向小次郎ではなくてマルセロだって、ずっと言ってるんです。普通のチームだと、どう考えてもトップ下で活躍できるような選手が、サイドバックで遊んでいるかのように楽しそうにプレーしているのが理想。いろんな能力を持っていて、見ている人がワクワクして応援したくなる、たまに軽い守備をして抜き去られてもご愛敬みたいな（笑）。僕は営業のマルセロになりたい。しっかり努力していろいろな能力を身につけ、営業の枠に収まりきらないような余裕を感じさせつつ、周りを明るくして、気づいたら応援したくなっちゃうような、そんな営業マンになりたいですね。いつかは、ということで（笑）。

――水谷さんの結婚式の挨拶とか、本当にすばらしいですよね。短い中でおもしろい話ができる。短くていい話ができる人って、なかなかいないじゃないですか。だいたい社長って話が長い。

島村　本当にそうですね。歳を重ねてそういうふうになっていきたいですね。結婚式でもめちゃくちゃふざけるのが水谷さんなんですよね。そういう場でも本当におもしろいことが言える人だと思います。

――島村さんの人が人を呼ぶ感じが、水谷さんに通ずるところがある気がします。

島村　まだまだ全然じゃないですか。まだ営業始めたばかりですし。選手が終わって元選手だったという恩恵を受けながら仕事をしているというか、元選手だったことで注目をしてもらえるのって、だいたい2年くらいよっていう話を先輩からもしてもらっています。だから、僕はサッカーを使わないで認められたいという目標があります。元サッカー選手だったことで食いついてもらうのもありがたいけど、一営業マンとして、おもしろいやつがいると思ってもらえるように、人間として成長していきたいなと思います。

スポーツダイレクター・坂本紘司
「進化する湘南スタイルに期待してほしい」

【坂本紘司（さかもと・こうじ）プロフィール】

１９７８年12月３日生まれ、滋賀県野洲市出身。静岡学園高校卒業後、ジュビロ磐田入団、２０００年に湘南ベルマーレ加入。主にＭＦとして、Ｊ１・Ｊ２合わせて４５６試合出場57得点。２０１２年シーズン限りで現役を引退し、２０１３年１月に湘南ベルマーレのフロント入り。２０１６年８月より、スポーツダイレクターに就任。

――2019シーズン途中で監督が代わりました。おそらく、浮嶋監督のやり方になって、どのような選手を補強すべきかという話が行われたのではないでしょうか。今年はどのような方針でしたか？

坂本　基本的に、編成は監督に入ってもらってやるのが我々のスタイルです。監督のリクエストを聞き、また強化から見たチームの成果や課題を話しながら編成を行っています。昨年浮嶋監督が就任した段階では、残留争いの真っただ中だったこともあり、戦術も全て前監督のものを踏襲してチームを率いてくれました。残留を決めてからは、クラブがＪ１のステージで次のステップに行くためにどうすればよいか、という話し合いを重ねて行いました。これまでクラブが積み上げてきたものを大切にしながら、もう少し自分たちでゲームをコントロールするというか、意図的にボールを動かして攻めるといったテイストを取り入れることによって、Ｊ１の上位に食い込んでいきたいという話をしました。今までなら獲得候補として名前が挙がらなかっただろう選手の獲得に動いたというのは実際にあると思います。

――三幸秀稔選手がそうでしょうか？

坂本　個人名は控えますが、今までとは違って「自分たちでゲームをコントロールする時間を90分の中で作る」という点をテイストとして取り入れたいと考えました。監督のリクエストを聞きながら、必要な選手を検討したということです。

――「湘南スタイル」も進化したと見ていました。おそらく曺貴裁前監督も、もっと自分たちでコントロールできることを志していたのではないでしょうか。浮嶋監督に代わって攻撃的になったと言う人も多いですが、成長の哲学、成長のプランは、実は変わっていないと感じています。

坂本　今は結果が出てないので「成長しています」とは口が裂けても言えません。前監督の時も、同じようなトライはしてきましたが、うまくいかずに元のスタイルに戻したり、またトライしたりの連続でした。そういう意味では、これまでと変わらない葛藤、もがいているところではあると思います。ただ、全体のベースが少しずつ上がってきていればいいなと思います。トライをしている段階なので、簡単に全てがうまくいくことはないと思っています。ただ、クラブとしてさらなる「進化」にトライしなければならない段階に来ているのは、事実かもしれません。

——今シーズン始まる前は、強化部としての目標はどこに置いていましたか？

坂本　「昨年以上、前年以上の結果」というのは当然ながら思っていました。さらに、サッカー的に進化しているところをお見せすることを目標にやっていました。

——他に、シーズン前の強化プランで明かせる概要があれば教えてください。

坂本　残留プレーオフを戦うことになってしまったため、我々が移籍マーケットに参入するのが非常に遅くなってしまいました。さらに年末になって数名の選手がバタバタと移籍をすることになったため、難しさはありました。ただその中で、まずは、新しく加入する選手にも、既存の選手に対しても、「湘南らしさ」「湘南が大事にしているもの」は変わらないということをしっかり植え付けたい。監督が代わっても湘南のベースは変わらない、ということを見せられる1年にしたいと考えていました。我々はプロなので、結果を出すのは当然のことではありますが、まずは湘南のフィロソフィーをしっかりと継承していくことが強化部の役目だと思い、今シーズンに臨みました。

――シーズン前のキャンプの手応えはいかがでしたか？

坂本　非常に手応えがありました。意欲的に今まで通りのハイプレスをやり、ボールを奪ったらカウンターに行くか、ボールを保持するかを使い分ける。新加入選手が多い割に、戦術の浸透具合は悪くないという感触はありました。それはリーグ開幕戦の浦和戦でも、手応えを感じることができたところではありました。そういう意味では、キャンプは非常に有意義だったと感じています。

――まさに開幕戦では、新しい湘南スタイルを見せてもらいました。ファンもワクワクしたし、僕らも見ていて「これはネクストステージに来たな」という期待感がありました。本当によい入りができたシーズンだったと思います。

坂本　私もそう思いました。速攻もできていたし、ボールを奪ってから出て行くスピード、人数は変わらずやれていたし、後ろからしっかりとボールを動かしながら運ぶことも、その両方がいい配分でトライできていたゲームだったので、手応えはありました。

――そんな中で、新型コロナウイルスのせいで、という感じですよね。

坂本　コロナ云々《うんぬん》に関わらず、今までのスタイルに加えての新しいトライは、当初からうまく遂行できるゲームばかりではないと思っていました。起用する選手によってゲームの流れは変わってくるだろうし、試合をこなしながら、少しずつよい判断ができるようになっていくだろうという想定でした。ただ、コロナでリーグ戦が中断となり、再開後はハードスケジュールで試合が続いていきました。選手とゆっくり話をして、課題を修正する時間が取れない中で試合が続いたのは、デメリットだったとは思います。もちろんそれは勝てない言い訳にはなりません。簡単ではないシーズンになるということを、シーズンが進むにつれ強く感じさせられました。

――たらればになってしまいますが、開幕戦のタリク選手のＰＫが入って、新型コロナウイルスがなかったら、今年ベルマーレは結構行くんじゃないかというくらい、あそこの分岐点が大きかったなという気がしています。

坂本　そう思っていただけるのはありがたいですが、いずれにせよシーズンは長いので、良いことも悪いことも、シーズン中にはいろいろなことがあるとは想像していました。ただ、負けがこんだ時に、何をチームの柱として戦うのか、選手が迷いながらプレーをする試合が続いてしまったのは、非常に大きな悔いが残ります。今振り返ると、もう少し修正できる術があったはずだと思っています。

――連戦が続く中で、その修正には、どのクラブもかなり苦労したと思います。

坂本　そうですね。我々の場合、どちらかというと、新しいトライのほうが頭の中で7割から8割になってしまった。もともと我々が大事にしている「クラブの幹」みたいなものが薄まっている試合が多くなっていた。見ている皆さんも、そう感じていたと思います。それがわかっているのに、すぐに次の試合がやってくる。頭を整理、リフレッシュする時間を取れなかった部分や、さまざまなサッカー観を持っている選手を一つにまとめる難しさはあったと思います。

――そんな時、選手にどんな話をされるんですか？

坂本　戦術のディテールは変わっていくものだと思いますし、その要因は監督だけではなく、世界のサッカーの流行もあります。ただ、湘南が10年、15年と大事にしてきたものは、戦術のディテールではないんです。そこは外してはいけないよ、と。戦術で頭がいっぱいになるのはわかるけど、大事なことは、見ている人に感動してもらえるようなファイトをするところ、全力で戦うところだという話はしました。ただ、結果的にそれも十分ではなかったんだと、1年を振り返り、強く痛感しています。

――新型コロナウイルスの影響で、いろいろなことが初めての体験になったシーズンでした。強化部はどのようなことに苦労されましたか？

坂本　活動自粛中の選手たちは、体を動かさないと不安になります。でも「好きな場所で練習をやっていいよ」と言って、チーム内に感染者を出してしまったら、またそれ自体大変なことになってしまいます。なので、いろんなことを規制しながら細々と活動をしていました。ただ強化部としても、どこまでが適切な規制なのかがわからず、手探りの中、チームのルール決めをしていたという感じでした。

――再開が何度も延びたので、調整もかなり大変だったのではないでしょうか。

坂本　そうですね。何度もトレーニングプランを組み直したり、選手とオンラインでスケジュール確認したりしていましたが、難しさはありましたね。

——自粛期間中、練習は自主練に近い形になりました。コミュニケーションがなかなか取れない中で、強化部として、どのように選手たちにアプローチしていましたか？

坂本　選手には、精神的なストレスが強くあったと思います。そんな中で、体を動かせる環境を整えてあげることしか我々にはできませんでした。自粛期間の最初の頃は、僕たちスタッフも選手と接触しないようにしていたので、会って話すこともまったくできませんでした。とにかく環境を整えて、不安にならないようにしたいというスタンスでやっていましたね。

——チームでオンラインミーティングは結構やられていましたか？　どういった内容だったのでしょうか？

坂本　何度か行いました。内容は、フィジカルコンディションをいかに落とさないかというものでした。この時期に戦術を変えようという話は特にしていませんね。どちらかというと、手応えがあるまま中断になったので。選手のコンディションを落とさないために、これくらいの負荷でトレーニングしてくださいということを、かなり細かく指示していました。ただ、公園に行って走るのも大丈夫なのかという時期だったので、選手もなかなか難しかったと思います。

――具体的にはどんなメニューですか？

坂本　ランニングと体幹トレーニングがメインでした。ボールを使ったトレーニングができなかったので、走る量と、段階に応じてスピードを変えて走ってくださいというものを提示していました。スプリントまではなかなかできないので、基礎体力を落とさないように。１キロ何分で走るペースで、それを保ちながら30～40分走るという基準を設けて、そのペースをどんどん上げていきました。

――試合再開に先立ち、その1カ月くらい前から練習は再開できました。最初の練習の時の選手たちのコンディションはどう見えましたか?

坂本　しっかりやってくれていたな、という印象でした。一人おかしいなとか、ずっと家で寝てたでしょ、みたいな選手はいなかったです。全体的には非常によい状態で集合できたと感じました。

――コロナ期間中の坂本さんご自身のお気持ちをお聞かせください。「どうなっちゃうんだろう」という不安はありましたか?

坂本　もちろんありましたね。クラブの人間なので、スポンサー企業が苦労されている話やチケッティングの話も耳に入ってきました。試合ができなくて経営的に大丈夫なのかという心配もありました。今でこそ入場者数に制限があることにある程度慣れましたが、当時はそれすらもイメージできませんでした。フットボール的なこととの不安はありましたが、どちらかというとクラブの心配というか、経営面の心配の方がとても強くありました。

――選手たちもすごく不安だったと思いますが、その辺のアプローチはどういうことを心がけていましたか？

坂本　リフレッシュさせてあげたいんですけど、させられる状況ではなかったのが心苦しかったです。心配や不安はあったと思いますが、あまり細かい話はせず、彼らはとにかくグラウンドでボールを蹴れることが何より幸せだと思うので、なんとかそういう機会を増やせられるように、いろいろなところに相談したり、お願いに行ったり。それが、当時選手のためにできる唯一のことでした。選手が安心してボールを蹴ることができる環境づくりについて、いろいろな情報を集めていました。他のクラブがどうやって感染対策をしているのか、相当数のクラブに聞きながら、自クラブでもできる限りのことをやろうという感じでした。私もたまにグラウンドに来て、フェンスの外から彼らを見ていましたが、ボールを蹴っている選手は、サッカー少年のようにすごく楽しそうにしていましたね。

――ちゃんとボールを蹴ってもらうことが、選手のメンタルにとっても一番ですね。

坂本　そうですね。本当に細かいことに気を使わなければなりませんでした。例えば、シャワーはどうやったら使ってよいのか、クラブ内での食事はいつ解禁するのか、消毒はどのくらいの頻度でどこをやるのか、筋トレルームはいつから使用ＯＫにするかなど、一つひとつ細かく決めなければなりませんでした。そこはとにかく情報を集めようと心がけていました。

――専門家への相談はもちろん、Ｊリーグにも確認されていたかと思います。Ｊリーグとはどのあたりを確認するのでしょうか？

坂本　Ｊリーグのプロトコルができてからは、それに沿ってトレーニングやチーム活動を進めていくという形でした。プロトコルができるまでは、ルールがファジーだったところがあり、わからないことが数多くありました。その時期はクラブ内のルール作りが本当に難しかったです。Jリーグのプロトコルでは、フェーズ1、フェーズ2、フェーズ3と別れています。トレーニングは同時に何人で行ってもいいのかとか、マスクの着用有無などをきっちり提示してくれてからは、それに沿ってトレーニングを行うことができました。さらに細かい感染対策に関しては、直接保健所に問い合わせたりもし、クラブ内のルール作りを同時に進めていったという感じです。メディカルチームが迅速に動き続けてくれました。

――Jリーグのプロトコルに沿いつつ、各クラブが定義すべきことは自分たちで決めていく、と。

坂本　途中からは、ある程度トレーニングを行えましたし、ミーティングも通常のミーティングルームでは難しいけれど、クラブの施設で一番広いスペースに全員を集めて行うことはできました。当然、マスクを着用して。クラブで出す食事も、食堂のレイアウトを変えて、人と人が向き合わないようにして、間隔を取って食べてもらいました。あとは、プライベートで外食に行くのも、クラブで規制をしました。いつでもどこでも、誰とでも外食していいという感じではなく、感染状況に応じて外食を完全に禁止したり、週に1回だけなら認めるとしたり。個室ならOKとか、いろいろな制約をつけて行いました。リーグ戦が行われるようになってからも、選手たちはずっとこのような制約を強いられていたので、かなりストレスが溜まっていたと思います。

――選手同士で食事に行くことは、現役選手にとって一番のメンタルケアですよね。

坂本　おっしゃるとおりです。当然、首都圏と地方とでは全然違いますが、神奈川は感染者数が多く出ていたので、そのあたりは他の首都圏以外のクラブよりは厳しめにしていたと思います。選手もスタッフも、行動履歴を毎日書かせていました。面倒くさい作業だと思いますが、一人でも感染者を出してしまうと、試合が行えないという興行的な部分もそうですし、選手は隔離されるとコンディションの問題が出てきます。心苦しいところもありましたが、決め事や規制をしっかりしなきゃいけないところだと思っています。

——コロナに対する危機管理でクラブ力が問われている部分があると感じます。あまり良いことだとは思いませんが……。「かかったらダメ」と言われてしまうようなところがあって、でも、どこでも起こりうることじゃないですか。そのあたりはちょっと理不尽ですよね。

坂本　そうですね。本当に気をつけていても、いつ誰が感染するかわかりませんし、この本が出る頃には湘南にも感染者が出ているかもしれません。ただ、感染者が出てしまうかもしれないけど、最大限、クラブでどのような対策をしていたかは問われるところだと思います。それでいうとベルマーレはかなり高いレベルの感染対策でやっています。選手やスタッフにはかわいそうだなと思う部分もありますが……。

——他クラブの話になりますが、一人暮らしの若手選手が自分で食事を作れず、

いつも外食で、それで感染してしまったという話がありました。クラブによっては、選手のケアが十分にできなくて感染者を出してしまうということもあるのが現状です。そういう意味では、今お話を伺っていて、ベルマーレは意識高く取り組まれているなと思います。

坂本　地元にすごく協力してくださるお店があって、わざわざレイアウトを変えてくださり、選手が行きやすくしていただいたお店もあります。本当にありがたく、とても助かりました。外食は、これでようやく限定的に許可したというレベルでした。外食はお店ごとに広さやお客さんの数も違うので、好きなお店に行ってよいというわけにはいきません。試合が終わっても、選手同士で食事しながらサッカーの話ができないのは本当にかわいそうでした。

――強化面でのお話を聞かせてください。新型コロナウイルス感染症が広まり、一番難しくなったのは財政的な部分だと思います。シーズン中の強化のプランも変わりましたか？

坂本　まさにそうですね。我々の仕事は以前と変わりありませんが、新しい選手の獲得が難しいというのは、クラブの判断としてありました。どんなに掘り出し物の選手がいるという情報が入っても、手を出せない状況でした。それはシーズン通してそうでしたね。だいたい夏のウインドーで、さらなる補強をするというプランがあるのですが、それも全て凍結して、結局夏の補強をすることができませんでした。例年であれば、そこでもう一度チーム内の競争力を上げたいところですが、今年はそれができませんでした。

――前のシーズンでプレーオフに行くと、強化がどうしてもすごく出遅れてしまうところがありますよね。かなりディスアドバンテージがあった中での強化スタートだったと思います。シーズン前の補強についてどのように評価していますか？

坂本　開幕してリーグ戦が中断するまで、ずっと交渉を続けていたポジションはありました。あと1枚か2枚、交渉が成立しなかった選手はいました。時間の問題というよりは、交渉能力だと思います。ある選手に対してＪ１のクラブと競合した時、上位クラブからの誘いを蹴ってでも湘南に来てくれるという交渉にならなかったのは事実です。そこは真摯に受け止めて、今後クラブの順位とか資金力ではない魅力を、もう一度クラブとして作っていかないといけないなというのは、改めて去年の冬のウインドーでは思いました。当然、世間を大きくお騒がせをした数カ月後であったので、湘南に対してポジティブに思ってくれる選手ばかりではなかったと思います。そうしたことも含めて、もう一度しっかりと、湘南に行ったら成長できる、選手が生き生きとやれる環境があるという、クラブの魅力を作っていかないといけない。編成的にもう1枚、2枚は取りたかったのは事実で、取れなかったことは自分の責任だと思っています。

――魅力という点ですが、やはり湘南には曺前監督がいた。曺前監督はＪリーグを飛び越えるくらいの影響力がありました。それが選手獲得で大きかったなと実感されましたか？

坂本　今の監督がどうこうではなく、曺さんは就任期間中の長い間、多くのメディアに取り上げられ、どんな考え方をして、どんなサッカーをしたいのかが世間一般に広く知られていました。湘南でやりたいと言ってくれる選手が多かったのは事実です。

——曺前監督が去り、騒動によりネガティブなイメージを持たれてしまった部分もあるという意味では、かなり厳しい補強のシーズンだったと思います。

坂本　お騒がせしたというよりも、今後どういうサッカーをして、何を目指していくのか、改めて、新しい監督のもと、明確に発信していく必要がありました。浮嶋監督も初めてシーズンスタートから指揮をするので、選手からすると、どんなサッカーをするのかまだイメージできない部分はあったと思います。そのあたりは交渉の際にも丁寧に話をしましたし、それで納得して来てくれた選手もいました。厳しい状況の中でも、やれることはやろうと思っていました。

――改めて、補強面でよかったところをもう少し詳しく教えてください。

坂本　ある程度、リクエストがあった選手を獲得できました。ただし、ポジションや年齢のバランスは良くない部分もありました。戦力が充実したポジションと、そうではないポジションが出たことは課題でした。幹となる、獲得したかった選手はある程度来てくれましたが、全体的な評価は難しいところですね。

――難しい補強のシーズンだった中で、競合しても来てくれた選手もいたとおっしゃっていましたが、どんな点がうまくいったから取れたと自己分析しますか？

坂本　最終的に全てできていたかどうかは別として、クラブが考える今後のビジョンについては丁寧に話をしたつもりです。

――ネガティブな報道が出てしまったからこそ、より丁寧に自分たちの魅力を説明するところがあったのではないでしょうか。

坂本　自分たちの過ちやできていなかったところは素直に認め、もう一度再出発したい、力を貸してほしいという話はしました。これまでのスタイルに付け加え、新しいことにトライしていきたいことも丁寧に伝えたつもりです。

――その辺は、浮嶋監督を含めて、強化部全体で、補強前に改めて自分たちの魅力を確認するといったコミュニケーションは取られましたか？

坂本　これまで湘南ベルマーレが積み上げてきたものと、浮嶋監督がイメージするサッカーの融合についての話はしましたし、それに見合う選手とスタッフで編成するということを確認しました。

――浮嶋サッカーの魅力をもう少し語っていただけますか？

坂本　手数をかけない攻撃だけでなく、自分たちで意図して崩す形をもっと作りたい。2、3人でイメージを共有して、突破する形。そういう形で点を取れるようになりたいというのは大きいと思います。後ろからビルドアップするというのも、自分たちが意図した中でボールを動かし、全員が共通のイメージを持って点を取るという数を増やしたい。湘南はこれまでショートカウンターで点を取ることがリーグで1番多かったと思いますが、それだけではなく、自分たちでアレンジした得点を増やしたいというのは、監督が強く考えていることだと思います。あとは、簡単にボールを失わなくなれば、その分守備をする時間が短くなります。攻撃の回数をもっともっと増すために、自分たちでボールを握る時間を作りたいという話は、監督がよくしています。

――坂本さんとしてはいかがでしょうか？

坂本　僕も非常に腑に落ちました。Ｊ1のトップ10に入っていくためには、そこのテイストをもっと身につけていく必要がある。次のステージは、これまでのスタイルにプラスして、こういうこともやらなければならないと、浮嶋監督は明確に持っていると感じました。ただ、ショートカウンターで取れていた点を放棄する必要性はまったくありません。そこは絶対に生かしたいし、チームのストロングは消したくないという話は私からもしました。その両方の刃を出す割合というか、試合の中での判断のところは、想像通り簡単ではないですし、時間を要する作業であることは覚悟していました。

――今シーズン始まるところで、新人選手のスカウトはいかがでしたか。よい若手が取れたという評価ですか。

坂本　そうですね。ここのところ毎年よい選手が来てくれています。必ず練習に参加してもらって、監督にも見てもらってということはするのですが、新卒の選手に関しては、クラブの選手を育てる環境が整っていると高く評価してもらっています。湘南に入団して、数年が経ち、次のクラブにステップアップ移籍をするという選手が後を絶たない状態ではあります。新卒選手にプレゼンをする時も、育成環境についてはかなり強調して話をしています。そういう意味でも、新卒選手獲得に関しては湘南ベルマーレの強みは大きいと思います。それに、浮嶋監督の選手を見る目は非常に長けていますし、アカデミーでの仕事が長かった分、選手育成という点においても本当に力を入れてくれていて、とてもありがたいですね。

――ある高校の監督が「湘南の新人獲得のプレゼン資料を見たら、首を縦に振るしかない」と話されていたとか。

坂本　プレゼン資料はかなり作り込みました。これは私だけの考えではなく、一緒にプレゼンする牛島スカウトや強化部の前任者たちの考えを盛り込んで作成したものです。クラブとして育成に関してのスタンスは確固たるものがあるので、それを資料に落とし込みます。今となっては、我々にとって特別なことというより、普通のことになってきています。

――クラブには若手育成のデータもたまってきたのではないでしょうか。

坂本　そうですね。幸いにも、今ブンデスリーガでプレーしている選手もいますし、ＡＣＬでプレーした選手を輩出しました。もちろん監督やコーチの育成力はあるとは思いますが、クラブとして若手選手に対してさまざまな取り組みをしていることは、選手獲得のプレゼンの際に話をします。湘南に来てくれたら、あとは放ったらかしということは絶対にありません。そこは強調してお伝えします。

――若月大和選手は、獲得したものの、クラブで1分もプレーせずに欧州への移籍を認めたことは驚きでした。

坂本　選手の成長を第一に考えての決断でした。若月は、現在期限付き移籍中です。スイスで試合にたくさん出て成功するかもしれませんし、壁にぶち当たるかもしれません。そのどちらであっても、彼にとっては良い経験になるだろうと考えました。彼のようになりたいと望む選手がまた増えると思いましたし、それがチーム内の競争心や向上心を最大限に引き上げるのではないかと思いました。若月は戦力として考えていたので難しい判断ではありましたが。

——若月選手とはよくコミュニケーションを取っているんでしょうか？

坂本　私よりは牛島スカウトが頻繁に取ってくれていますね。

——高卒でいきなり海外に行くのは、生活面も含めて大変だと思います。

坂本　本人の意思が強かったので、我々もそれを見て、背中を押しました。言葉の壁や食生活など全てが大変だと思いますが、良い経験です。若月の場合は、自分で望んで行きたいと言ったのだから、自分でつかみ取ってこいというスタンスです。ただ、ずっと気にはかけています。

——若くして海外に行くことは本当に大変ですし、難しいことだと思います。そこは大人のサポートも必要ですよね。

坂本　現地にも彼のエージェントがいるので、そこはうまくやってくれているようです。でも、若いから、大変なくらいがちょうどいいと思います。

——今シーズンの総括をお願いします。曺貴裁前監督がいなくなって迎えるシーズンという意味でも、大変さがあったのではないでしょうか。

坂本　振り返ってみて、私自身、本当に力不足だったと思います。これまで細部までこだわったマネジメントがあり、チームがひとつにまとまっていたのだと、改めて感じる1年でした。結果的にそれができなかった。もっと僕が口うるさく言わなくちゃいけないし、僕だけでなく、スタッフや、長くいる選手、湘南の良さを知っている人間が、もっともっと声をあげて、主体的にチームに働きかけていくことがこれからの肝になるというのは間違いありません。これは、これから絶対にやらなければいけないことだと思っています。

——曺前監督は同じことを言い続けていました。同じことを言い続けるって、実は、本当に大変なことだと思います。そのあたりの実感はありましたか。

坂本　選手やスタッフは毎年変わるし、クラブが置かれている環境も変わります。それを、大事なことは、くどいと思われても言い続けないといけない。それを僕たちがちゃんと継承していかなければならない。労力のいることかもしれないですし、地道な作業です。クラブの本質的な魅力が変わらないために、クラブとして大事にしたいことは言い続けること。クラブの絶対的な価値観、クラブの軸となる部分を言い続ける人間が必要です。僕がこのクラブにいる理由があるとすれば、そういうことをやり続けられる人間でいたいからだと思います。ここからどうできるかだと自分に言い聞かせています。

――今年は長い連敗が2つありました。強化部として、選手に面談をして働きかけるなどはありましたか?

坂本　サッカー的な、戦術がどうこうとかよりは、負けがこむと、責任の矢印が自分ではなく外に向いてしまう瞬間があります。僕から見てそういうものを感じた選手に関しては、個別に話をしました。選手たちの表情を見た時に、不満を持っているというよりは、どうしたらいいのだろうと迷っている選手のほうが多かった印象です。まず一人ひとりが自分の役割を精いっぱい果たし、「湘南らしくやる」ことなんじゃないかと話しました。

――具体的には、どのような話をされたのでしょうか？

坂本　昔から湘南にいる選手に対しては、今は戦術云々よりも、まずは原点に立ち返る。湘南らしく戦いながら、戦術とか周りとのコンビネーションみたいなものは、時間とともに少しずつ成熟されていくものだと。今日明日でいきなりすべてできるようにはならないから、まずはやれるところから「今までやれていたことをやろうよ」という話をさせてもらいました。

――新しく加入した選手は？

坂本　新しく加入した選手に関しては、チームの基準がどこにあるのか、湘南らしく戦う部分なのか、それとも新しいトライに重きを置いているのか、どっちなのかがわからない選手がいたと思います。基本は既存の選手に伝えたことと同じで、新しいトライはいきなりすべてできるわけじゃないけど、湘南の選手として、まず戦う部分、走る部分、見ている人に何か熱いものを感じてもらえるような、ひたむきな部分を出してほしいと。それが最大の湘南の良さだと思うので、まずはそこに取り組んでほしいという話をしました。既存の選手だけでなく、新しく加入した選手に対してもおのおのに、湘南の柱の部分の話はさせてもらったつもりです。強化部の立場として、そういうアプローチは少しずつですが行いました。でも、もっともっとやらなければいけなかったと思っています。

――例年の課題として、外国人選手がはまるかどうかというのがあります。タリク選手は最終的にシーズンで1ゴールでした。

坂本　助っ人であるはずの外国人選手が年間で1得点なので、まさにご指摘の通りだと思います。外国人選手をチームにどう融合させていくか、スカウティング力も含め、これは引き続きの課題です。ただ、タリク選手のパーソナリティの部分にはとても満足しています。うまくいかないこともあったと思いますが、どんな時も真摯にクラブや仲間と向き合ってくれました。もちろん助っ人選手なので得点も求めています。他のクラブの外国人選手は得点をたくさん取っていることもあるので、当然我々も求めているものは高いです。ですが、彼は湘南らしさを表現できる選手で、パーソナリティも含め、期待はずれだったということはありません。

――課題があるとすれば、どこでしょうか？

坂本　北欧の選手が日本の高温多湿な夏を過ごす、プレーする難しさとか、初めてアジアでプレーする難しさなどはあったと思います。そこを考慮してうまくフィットさせることに時間が掛かりました。今年は、他の外国人選手の獲得も考えていましたが、結果的にタリク一人だけになってしまいました。英語でのコミュニケーションの部分や、彼の生活のサポートを含めて、まだまだクラブとしてのサポート体制が不十分であったと思います。彼に力がないというわけではありません。ノルウェー代表で長い間エースを張っていた選手ですし、ノルウェー以外の国でも結果を残している選手です。日本やクラブに一刻も早く馴染ませるという、我々のサポートの部分も今一度見直さなければいけないと感じています。

――ブラジル人のサポートに関して、ベルマーレは定評があると思います。そこは国によって少し違いますか。

坂本　タリク選手はブラジル人選手と違ってあまり口数が多くなくて、冗談を言って周りとコミュニケーションをとる陽気なタイプではありません。すごく真面目で、実直な感じの選手です。周りの選手にいじられたりするタイプではないんですよね。言い訳じゃないですが、コロナ禍という状況もあって、難しいところがありました。彼も最初は一人で来日していて、家族が来日するまでは一人で食事をしていましたし、チームメイトと食事に行くこともできませんでした。チームに馴染むことにも少し時間が掛かってしまいました。

――抱える課題として、なかなかよい外国人情報が入ってこないとか、そういったことはあるのでしょうか。

坂本　情報はたくさん入ってきています。他のクラブでは、ある特定との代理人と長い期間取引をしているところもありますが、湘南はルートを一つに絞るということはしていません。情報の量は多い方だと思います。けれど、我々がその外国人選手にいくらの予算をかけるか、という話が大前提になってきます。これはクラブの考え方であるので、何が正解かはわかりません。

――予算面での厳しさがある、と。

坂本　考え方ですが、例えば、外国人選手に数億円使う代わりに、これまで主力で頑張ってきた日本人選手を数人手放すのか？　これはクラブの考え方によると思います。湘南はみんなでチームプレーに徹し、ハードワークを遂行する中で勝利をもぎ取るというのがベースにあります。つまり、そういったことができる選手に多く投資をしたいという考え方です。何人もの外国人選手に大金をはたいて来てもらうということは、現状はしていません。ただ、その中でも外国人選手を獲得するならば、もっと活躍させなければという責任は感じています。

――すごい外国人選手がいて、結果、その差で勝負が分かれる世界ではありますよね。

坂本　J1は特にそうだと感じます。しかし我々は他のクラブの倍、情報を集めて、たくさんの選手を見て、やっていくしかないと思います。そこは予算の云々の言い訳ではなくて、限られた中でもっとスカウティングの精度を上げていくことは間違いなく必要です。そこは自覚しています。

――今年は新型コロナウイルスの影響で、選手へのサポートの仕方も普段とまた違ったと思います。普段よりも、より労力をかけてやらないといけない部分もあったと思います。そのあたりは、シーズン通していかがでしたか？

坂本　感染対策にはすごく神経を使って規制をしていたので、選手と個室で面談したり、全体ミーティングをやったりということが例年に比べて少なかったと思います。それはうちだけじゃないと思いますが、影響はあったと感じています。連戦が多かったので、1試合終わって、その試合の振り返りをして、それをトレーニングに落とし込んで修正して、次の試合を分析する。そんなサイクルは、ほとんどできませんでした。試合をして振り返る時間もなく、次のゲームという感じ。それは現場にとって、とても難しい状況だったと思います。単純ではありますがコミュニケーションが大事だとわかりながら、湘南の基準からしたら、できていなかったなと感じています。

――湘南はトレーニングを大事にしていますよね。他のチームだと、どうしても「試合に向けた調整でいいか」となりがちです。一方、「トレーニングも本気で取り組んで成長させる」ということが明確なのが、湘南らしさだと思います。ただ、今シーズンの連戦だと、それが難しかったのではないでしょうか。

坂本　まさにそうでした。1週間しっかり準備した週はよいゲームができていた手応えはあります。試合の修正点をトレーニングに落とし込み、コンディション作りも含め、次の試合に向けて準備するというサイクルが4、5日取れると、しっかり狙いを持ったゲームができていました。我々は以前からトレーニングを大事にしようと言っていますが、それは間違いなく試合に勝つためです。トレーニングが大事というのは、トレーニングの熱がそのまま試合に出るはずだと信じているからです。ハードスケジュールの中でも、それを言い訳にせず、トレーニングから競争させ、選手同士が互いを高め合う雰囲気をもっともっと作らなければいけなかったと思います。

――走行距離など、データ的なところも見られていると思います。曺貴裁監督の時期は走行距離ではトップレベルを誇りましたが、今シーズンはいかがでしたか？

坂本　走行距離はリーグ6番目で、スプリントが3番目です。試合ごとでいうと、

34試合中30試合くらいは走行距離で相手より優っています。基本的に走るというベースは変わっていません。試合ごとで見ると、相手より走行距離とスプリントで勝ったゲームが多かったです。ただ、どの相手、どの試合においても我々主導で相手に走り勝つという試合は多くありませんでした。試合によって110キロの試合もあれば、120キロを超える試合がありました。相手によって走行距離が変わったのは象徴的なものだと思っています。相手のリズムや相手のサッカーに合わせてしまう部分は少なからずあったと思います。ただ、ポジティブに捉えるとすれば、選手が相手を感じながらピッチの中で考え、今日の相手はこうだから、こういう対応だねと、自分たちで考えてできるようになったというのは、一つの収穫でもあります。ただやはり我々が湘南である以上、走力で圧倒する試合をやり続けたいですね。

――今までのベルマーレを見ていると、連敗中やうまくいかないときは、どうしても大崩れして、大量失点が続く試合がありました。今年はそれがほとんどないというのは、すばらしいことだと思います。相手を感じながら自分たちで考える

というのは、大人になってきている部分があって、失点も減っているのかなと思いました。

坂本　選手が相手を見て判断できるようになってきたので、一人ひとりの選手に余裕が生まれてきました。ボールを持ったら慌てて蹴ってしまうとか、判断なくボールをロストしてしまうというプレーは、大きく減りましたし、どんな相手にもビビらなくなってきたと思います。守備の話ではありませんが、そういう部分も少なからず関係していると思います。

——失点が減った一方で、得点力が下がってしまった部分もあります。得点力不足については、どういった分析をされていますか？

坂本　良しあしはあると思いますが、一つは、ボールを持つ時間が長くなりました。別にそれは意図して長くしようとやっていたわけではなく、選手が判断して、全て前に行ってしまうのではなく、ここは一回、しっかり保持しようという判断が加わったことです。逆に、カウンターができるはずのシーンでも保持になってしまった場面も多くありました。シーズンが進むにつれアタッキングサードまで運べる回数が増えましたが、カウンターとは違うシーンでは、相手ディフェンダーが揃っているところに対して、ドリブルであったり、クロスであったり、高さであったり、スピードであったり、点を取るためのオプションが足りず、崩しきるというところまでなかなかいけなかったなと思います。

――第16節のガンバ大阪戦に勝ったところくらいから、いい攻撃ができているなと感じていました。

坂本　意図してボールをゴール前まで運べているというか、前線からのプレッシングでボールを奪った場面だけでなく、何人かの選手が絡み合う形でボールを運べるシーンが、少しずつ増えていきました。でももっと、ゴールを脅かすシーンを増やさないといけません。アタッキングサードでどうシュートまで持っていくか、フィニッシングのバリエーションのところは、来年に向けての明らかな課題であり、最優先に取り組むポイントだと思っています。大橋選手がリーグ戦の最後に数試合出ましたが、彼は自分でシュートまで持って行ける選手です。他の選手と違う特徴のある選手が入ることで、残り3試合はシュート数で相手を上回りました。選手の特徴をうまく生かし合うことで、得点はもっと増やしていけると思います。

――神奈川ダービーの連勝、ヴィッセルにも完勝。このままいくのかなと思ったら、シーズン最後のほうは勝てなくなりました。来季に移籍する選手が明らかになり、編成の難しさ、起用の難しさなどもあったのでしょうか。

坂本　今年は異例のシーズンだったので、例年とは違う難しさはありましたね。降格なしというレギュレーションもそうですし、マーケットが非常に早い時期から動いていたことで、選手にものすごく雑音が入りやすかったというのはあったと思います。リーグ戦がまだまだ終わらない段階で他クラブから我々の選手に対しオファーが入り、例年より1〜2カ月くらい早く、選手と移籍の話をしなければなりませんでした。それは、当事者にとっても複雑だったと思いますし、チームメイトにとっても、よからぬ噂や報道があるというのは難しかったと思います。

――来季に向けてのさまざまな要素が入ってくるようになったのですね。

坂本　でも、それを言い訳にしてはいけません。海外を見たら、これがスタンダードです。シーズン中に移籍の噂で紙面を騒がすのは欧州では当たり前で、デマも含めて、毎日のようにあるものです。そういう意味でも、選手やクラブ側も、もっと精神的にタフにならなければいけません。これからの時代はもっともっと移籍が活発に行われるようになると思うので、そのサッカー界の流れに我々もしっかり追いついていけなければならないと感じています。

――湘南は他チームからオファーが来やすいので、早めの動きがあると、他クラブよりもシーズン中の動揺は大きいのではないでしょうか。

坂本　オファーする側は自由ですからね。獲得するのが極めて難しくても、あえてオファーしてくるケースもある。獲得の意思を表明することは自由で、我々がプロテクトできるものではありません。なので、どんな状況にも動じずタフでいることが、これからの強化部門には求められると思います。

――湘南は毎年、結構な人数の主力選手が抜かれてしまいます。特に、本当に欠かせない選手から抜かれてしまうようなところがあります。

坂本　若い選手が試合に出ていて、その選手が試合を通じて成長していく姿を見ると、他のクラブが我々の選手を欲しがるのは自然な流れだと思います。貴重な戦力が抜けてしまうことは大打撃ですが、一方で湘南というクラブが、選手育成に長けたクラブであるということをサッカー界に証明してきました。ただ、オファーが来ても、選手が湘南に残って湘南のために戦いたい、あるいは一度は出てしまうかもしれないけど、いつか湘南に戻って自分の経験を還元したいと思ってもらえるようなクラブでありたい。だからクラブの魅力をもっともっと高めていかないといけない。選手は出ていくものだから仕方がないとはまったく思っていません。ステップアップクラブと見られる部分もありますが、一方で、一人でも多くこのクラブに残って長くプレーしてくれる選手を作っていきたい。そこには強い使命感を持っています。

――今シーズンは降格がないのが最も大きなポイントだったと思います。今年は若手選手をより積極的に起用したいと思っていましたか？

坂本　特にはありません。来年を見据えてメンバーを決めるということはなかったです。ただその時に調子のよい選手を使ったということです。過去の実績とか、過去に主力選手だったということを抜きにして、その時に監督がベストだと思う選手を使ってほしいという話をしてきました。ケガ人が多く出たタイミングで、調子のよかった石原広教や田中聡がＣＢのポジションでプレーをしましたが、そこで彼らはいいプレーを見せて、自分でチャンスをつかんだということです。若手を優遇して「来年のために使ってください」という話は一切していません。

――今まではいつも、本当にシーズン終盤まで残留が決まらず、強化が動き出せるのが遅かったというのがありました。今年は残留が決まっていることで、みんな一斉に動き出せたのではないでしょうか。今年はベルマーレも早く動いたのではないですか？

坂本　それは間違いなくありました。我々だけでなく、マーケット全体の動きが早かったです。多くの選手とシーズンが終わる前に話をすることになりましたが、我々が来年Ｊ１にいれるという担保があったのは、大きな交渉の材料になったとは思います。

――昨年はどのタイミングで動き出したのでしょうか？

坂本　去年は残留プレーオフが終わってから、全てが動き出しました。我々の選手へのオファーも、12月の3週目が終わるタイミングで次々と舞い込んできました。プレーオフまでもつれてしまったのは初めてでしたし、いろいろな想定はしていましたが、最後の最後まで翌年に所属するディビジョンが決まらないというのは、自分たちでとても難しい状況にしてしまいました。

――今年も主力が抜けていきましたが、それでも2021シーズンに向けた良い補強ができたようです。

坂本　選手を補強する前に、まずは監督続投を早く決断しました。最終順位が18位だったので、厳しい声があるのは当然だと思いますが、来季の編成をしていく上でやりたいサッカーや監督が決まらないのは大きなデメリットにもなります。結果が出てない中でしたが、1年間積み上げてきたもの、また、反省や課題は修正可能なものであると判断し、クラブとして「浮嶋でいく」という決断を出しました。

――続投が決まってから、浮嶋監督とはどのような話をされましたか?

坂本　今季の自分たちに足りなかったポイントや、付け加えたい選手の特徴について綿密に話し合いました。また、チームビルディングするうえで、ありきたりですが「一体感」という、チームを1つにするために必要な選手とはどのような選手なのかの定義を、改めて確認し合いました。

――早めに監督の続投を決めて、次のシーズンの準備がしっかりできたということですね。

坂本　そうですね。まずは現状の課題をしっかり整理することが必要でした。そうした議論を監督と強化部で何度も重ねることができましたし、私自身も整理する時間が持てました。

――浮嶋監督は、坂本さんが強化のトップになってから2人目の監督になります。前任の曺貴裁監督との違いを感じることはありますか？

坂本　実は、2人は見た目も考え方も違いますが、性格はけっこう似ているなと思いました（笑）。選手へのアプローチの仕方や細かな戦術は違っても、監督になるような人は共通項が多いです。何よりサッカーが大好きで、ある意味面倒くさいくらい熱いところも一緒です（笑）。譲らないところは譲らないけれど、すごく純粋で私の話もよく聞いてくれます。2人とも「サッカーが大好き」というのがにじみ出ていて、そこが一番の共通点ですね。2人とも、24時間サッカーのことを考えているのだと思います。それくらいのサッカー人間だからこそ、監督になれたのだなと、私が言うのも変ですが、そんなことを感じましたね。

――曺さんと浮嶋さんは長年一緒にやってきた同志というような関係ですよね。単に仲が良いというレベルではないと思います。一緒に湘南スタイルを築き上げてきた2人だからこそ、共通するものがあるということでしょうか。

坂本　目的へのアプローチの仕方は、人それぞれですよね。浮嶋監督は曺前監督がやってきたサッカーを否定するのではなくて、そこにプラスアルファを積み上げようとしています。そのプラスアルファの部分に、勝つための要素として何を付け加えなければならないのか。これは育成の現場で長年指導されていた間も、ずっと浮嶋監督が考えてきたことです。こうした考えを、勝利という形につなげてアウトプットしていきたいです。

――そして、それをサポートするのが坂本さんの役目だ、と。

坂本　いきなりのＪ１監督、しかもシーズン途中から予期せぬ形での就任だったので、浮嶋監督にとって、とても難しいチャレンジだったと思います。根底にあるものは、浮嶋監督も曺前監督も同じだと感じます。だから、私の役目は監督の考えをしっかり理解し、日々議論し、サポートすることだと思っています。もちろんその中で、結果を厳しく見ていかないといけない立場ではありますが。

――コロナ禍でクラブの経営も難しい中、移籍金も重要な収入源です。今シーズンに外へ移籍する選手は、齊藤未月選手、鈴木冬一選手、松田天馬選手ら湘南イ

ズムを体現できる湘南育ちの選手たちが多く、そういう意味では、今年は移籍金が多く取れたのではないでしょうか?

坂本　立場的には、移籍金収入があるからといって、貴重な選手たちを外には出したくないですよ。戦力が抜ける苦しさは、なかなか言葉にできないものがあります。もちろん、彼らの移籍金収入がクラブの大きな助けになったことは事実ですが、それが全ての目的ではありません。選手を極限まで成長させてあげたいという想いは、常に持ち続けていたいと思います。

——選手が移籍を希望する一番の理由は何でしょうか?

坂本　これは説明が難しい部分もありますが、ある程度試合に出て、経験を積んだ選手は、クラブにすごく不満があるとか金銭の問題というよりは、何か違う刺激や環境の中でもっと成長したいという話をする選手が多いですね。

――もし経営的に余裕があり、十分なお金があるならば、全員出してないですか？

坂本　もちろん、出したくはないですね。ただ、選手によっては移籍してしかるべきタイミングはあると思います。選手と話をした感覚、選手のプレーを見ていても、少し成長速度が弱まってきたなとか、次のステージを見始めているなとか、いろいろと感じることがあります。湘南に残ってほしいけれど、残ったとしても、この選手はこれまでと同じような速度で成長できるのかと考えることがあります。湘南に来てくれた選手であれば、やはり海外を目指したり、日本代表を目指してほしいと思っているので、そこは複雑な心境ですね。

――選手自身の成長にも配慮するのですね。

坂本　でも、せっかく成長してきた選手がいなくなる痛みって、相当なものがあります。そこはいまだに心の中で折り合いがつきません（笑）。もしかしたら、そこは一生折り合わないかもしれません。

――なかなか気持ちの整理がつかないのですね。

坂本　移籍金が入るから、時には選手を移籍させなければいけない場面もあると思いますが、気持ちの整理がついているのかと言われると、実はそうではないんですよね。サポーターの方々の声も気になります。すごく応援してもらえている中心選手や人気選手が移籍となると、サポーターの皆さんの悲しむ顔が浮かんでしまうというか。自分のところで引き留められたらと思う時はすごくあります。本当に、言葉にならない感情です。

――坂本さんはスポーツダイレクターに就任されて、4年目です。今シーズン、坂本さんにとってどんな学びがありましたか？

坂本　一番は、もっともっと選手のことを知ろうとしないといけないなと思えたことです。私も選手だったので「選手って、今こんなこと思っているだろうな」とか、なんとなく選手を一括りにして、私の予測が大体当たっているものだと思っている節がありました。でも、いざ話をしてみると、私の予測と違った感情を選手が抱いていることもありました。選手によっては、目標設定や現状への満足度、置かれている状況などによって、感情はさまざまなんですよね。年々新しく入ってくる選手と歳が離れていきますし、選手の入れ替えが毎年ありますし、「こうだろう」という予測だけではダメで、もっともっと深く話さなければいけないと感じました。

——やはり、話してみることは大切ですね。

坂本　今年はコロナ禍で、さらにそう思いました。誰かと食事に行ったり、気軽に会うこともできない状況だったので、改めてコミュニケーションの重要性をより感じました。「コミュニケーションって、そんな単純なこと……」と思うかもしれませんが、そんな単純なことがすごく大事で「俺はわかっている」とか「わかってくれているだろう」ではなく、やはり「伝える」ということの重要性です。意思の疎通を図ること。私の立場で、そういうことをもっともっとやらなければいけなかった。「お前たちならわかっているだろう」みたいな過信でチームを作っちゃいけない。勝てなくなった時にどこに戻ればよいかわからない組織なんてまったくダメで、そんな時こそ、より一体感とか、お互いの思いとか気持ちをつなぎ合わせることができなきゃダメなんですよね。

——日常がとても大事だということですね。

坂本　まさにそのとおりで、日常がすごく大事なんです。日々真剣に、真正面から選手と向き合うこと。そうした単純なことが一番大事だと感じた一年でしたね。

——他クラブを見ていると、強化のトップが選手とうまくコミュニケーションを取れているとか、密に取っているというのはあまり聞かない気がします。それは坂本スタイルですか？　湘南スタイルですか？

坂本　湘南の強化部長はこれまで皆そのようなスタイルだったと思うので、これは湘南スタイルなんですかね。特に私は上から全体を俯瞰して見て、ああだこうだと戦略を練るタイプではないので。現場に出てトレーニングを見て、練習後に選手やスタッフと話をして、そういうことを積み重ねてやってきたつもりです。でも、選手が変わり、監督が代わり、コーチが代わった状況の中で、しかもコロナまで加わった今年は、今までの2倍も3倍も話す、伝えるということをやらないといけなかった。なんとなく「湘南のこと、みんな理解してくれているよね」という過信があったのだと思います。たくさん話して思いを伝えて、そしてちゃんと相手の思いを聞く。まだまだできていないです。

――横川旦陽選手がトップ昇格して、すぐにガイナーレに期限付き移籍が発表されました。意外とこれができるサッカークラブが少ないと思っています。トップに上げた選手を大事にしすぎてしまう。頭ではわかっていても、かわいい子に旅をさせるのは難しいじゃないですか。抱えてしまうクラブが多い中、湘南は思い切りよく、すぐ外に出すのはさすがだと思いました。そのあたりの躊躇《ちゅうちょ》はないですよね。

坂本　選手が置かれている状況、立ち位置をしっかり分析してやっているつもりです。横川旦陽に関しては、トップですぐにＪ１のゲームに絡めるかというと、もう少し時間がかかるかなと。彼は小学生の時からずっと湘南一筋で、湘南しか知らないんですよ。彼とは、この1年間ずっと話をしてきました。湘南の基準をよく知っているというのはよいことだけど、湘南以外で自分がどう評価されるのか、違うサッカーに触れてみて、自分の長所や短所をもう一度整理できるタイミングかもしれないよ、という話をしました。

――外に出ることで、自分を客観的に見るということですね。

坂本　彼も納得した上で、数クラブの練習に参加をさせました。彼は新しいサッカーに触れられたことを非常にポジティブに捉えていました。自分のことを誰も知らない環境に身を置いて、親元から離れるというところも含めて、とても前向きにレンタルに行ってみたいという話になりました。一人ひとり置かれている状況や性格のタイプによっても違うので、湘南で出られなくてもまずレンタルありきとは考えていません。横川旦陽の性格や今の彼のモチベーションなど、総合的に考えて、話し合って決めました。

――そこまでちゃんとコミュニケーションを取ったり、練習に参加させたり、時間と手間暇と愛情をかけるのが、育成クラブ・ベルマーレのポイントなんですね。

坂本　育成に正解はないと思うので、いつも手探りですが、親身になって話をしていきたいとは思います。

――そこまで考えられないと、クラブが選手を育てることはできないのだなと感じました。

坂本　ご両親も本人も含めて、しっかりと話をして、こちらが考えていることや選手としての評価を伝えます。それで、もし難しいと思えば「プロにならない」という選択肢もあります。考えを伝えて理解してもらったうえで、進路を決めていきます。まったくもって無理やりというものではありません。

――18歳の子をいきなり、今まで行ったこともないところに放り込むって、その責任はクラブ側にありますよね。未成年ですから。

坂本　そうですね。レンタル先はどこでもよいわけではありません。お互いのクラブの強化同士、クラブ間のコミュニケーションも大事です。また、レンタル先の監督は誰なのか、どういうサッカーをするのかの情報収集をします。そもそも、18歳の選手を受け入れてくれるクラブは、そんなに多くありません。横川旦陽の場合はガイナーレ鳥取が受け入れ先となりましたが、私は監督のこともよく知っているし、強化部長もよく知っています。鈴木国友や新井光も預かってくれて、しっかりと鍛えてくれていたので、そういう意味では、信頼をおいて送り出せます。選手の実績とか、年齢とか年俸などは関係なく、一人ひとりの選手と丁寧に向き合うというのは、心がけていきたいと思っています。

――ずっと定期的にレンタル選手の情報をSNSで発信しているのはベルマーレらしくてすばらしいと思います。広報からの提案ですか?

坂本　強化に女性がいまして、彼女が他のクラブさんがやっているのを見たりして、広報とやりとりをしながら「やりましょう」ということになりました。僕ら、がさつな男では思いもつかないアイデアですね(笑)。

――母心のような感じが伝わってきますね。

坂本　アイデアを聞いた時は「いいな」と思いました。私が気づけないようなところを、女性スタッフがフォローしてくれるので、すごく助かります。

第7章

２０２０シーズン
～フロントから皆さまへ

株式会社湘南ベルマーレ
代表取締役社長　水谷尚人

２０２０年12月16日、２０２０シーズンＪ１リーグ最終節は、全国9カ所で同じ14時にキックオフされました。週中から降り続いた雪はベガルタ仙台関係者のご尽力によって取り除かれ、空から雪は舞うものの、緑のピッチのユアテックスタジアム仙台でベガルタ仙台との試合に臨みました。

最終節の前の順位は、ベガルタ仙台16位勝点27、湘南ベルマーレ17位勝点26、清水エスパルス18位勝点25で、この試合の結果、他のチームの試合結果によっては、我々は２０１０年以来のＪ１リーグ最下位となる可能性もある状況でしたが、立ち上がりからよく走り、いい形でボールを奪い、相手ゴール前に侵入しチャンスを創出していました。

前半40分頃に久光重貴の奥さんから携帯電話に着信があり、ハーフタイムに折り返すと「主人が亡くなりました」と聞き、掛ける言葉も見つからず、茫然としていました。眞壁さんに報告し、「すぐに戻った方がいいのでは」と言われましたが、気持ちを整理することができず、試合に臨むことを久光も望むだろうと勝手に思い、スタンドにいました。

チームは後半もよく戦いましたが、得点することができず、スコアレスドローとなり、清水エスパルスが勝ったために、リーグ最下位となってしまいました。

久光宅へ向かう戻りの新幹線、東海道線の車中では、頭の中が整理できない中、支援者の方々にシーズン終了と最下位となった悔しい報告をし、多くの方々とシーズン終了と久光訃報のメールやＬＩＮＥのやり取りをしながら、自身の混乱は広がっていました。小田原の久光の自宅に着き、対面した彼は、穏やかな顔をしていて、ハッとしました。

本当によく頑張ったと思います。いつも自身のことより他者のことを思っていました。２０１６年トップチームの沖縄キャンプに来て、選手たちに向けて講演をしてもらいました。その中で、忘れられない言葉がありました。

「みんな、俺の方が先に死ぬと思っているよね？」と久光が投げかけます。当然、誰も何も反応できません。すると「そんなことはわからない。今、この部屋を出たら、車が突っ込んでくるかもしれない。だったら今、全力で、本気でサッカーに取り組んだ方がいい」と投げ掛けました。

参加していた皆の心に刻まれていると思います。その彼の気持ち、魂が、この日、小田原アリーナで行われた、王者名古屋オーシャンズ戦での気持ちのこもった感動的な逆転勝利につながったんだと思います。

新型コロナウイルス

２０１９年11月30日のホーム最終戦で、湘南ＢＭＷスタジアムひらつかに来場されたサポーター、支援者の方々に「来年は、クラブの真価が問われるシーズンになります」と話をし、選手、スタッフにもその思いを伝えました。

７年半務めた監督が代わるということは、大きな変化となります。これはスポーツの現場に限った話ではありません。長くリーダーを務めた人がいるというのは、知らず知らずのうちに、そのリーダーの文化になっていたり、そこに頼ってしまっていることもあるかもしれません。それぞれがそんなつもりではなくとも、存在がなくなった時に不安定になることは、特に中小規模の組織では起こりうることだと思います。

そこで、理念をもって地域と共に歩んでいる我々の「真価が問われるシーズン」

になると感じ、共有しました。クラブの理念、ミッション、スタイル、スローガンのもとに、それぞれが自立し、個立しなければいけないと。

選手の移籍はありましたが、スペインでのキャンプを経て、2月16日、ルヴァンカップグループステージ初戦大分トリニータに勝利をおさめ、リーグ開幕のフライデーナイトJリーグも浦和レッズを相手に2－3と手応えを感じる内容でした。

この2月21日の開幕戦の前には、新型コロナウイルスの影響が出始めていました。他のチームに先駆けて金曜日に開催されることもあり、毎日のようにJリーグ事務局、チェアマンから開催について連絡がありました。

当日は、来場された1万3071人の方々に感染対策、マスク着用をしていただき、無事に試合を行うことができましたが、2月25日にJリーグ緊急実行委員会が行われ、3月15日までのリーグ戦休止が決議され発表されました。

その後、3度にわたる再開延期があり、結果、J1リーグは7月4日に再開されました（J2、J3は6月27日）。誰も経験をしたことがない、約4カ月の中断でした。

日本、世界中が大きな影響を受ける中、３月３日にＮＰＢとＪリーグでコロナ対策連絡会が専門家を交えて行われたことは、スポーツ界にとって非常に大きなことでした。

その後、ＮＰＢ／Ｊリーグ専門家連絡会として、２０２０年中に22回開催され（２０２１年も継続開催）、コロナ感染対策について情報共有がされ、専門家の意見が述べられ、それをもとにガイドラインが作られていきました。村井チェアマンがＮＰＢコミッショナーに働きかけて始まったものだと思いますが、野球とサッカーが協調して取り組んだことにも大きな意義があると感じています。

この連絡会の進行、ガイドラインの制作を一手に引き受けていたのが、Ｊリーグでコロナ対策に取り組んでいた藤村さんです。その行動には深く敬意を表します。

緊急事態ですので、コロナ対策専門家連絡会と併せて、Ｊリーグ実行委員会も隔週で行われました。当初は、試合再開の目途についての協議がなされ、その後、競技運営（練習ガイドライン、観戦者制限や観戦ルール等の試合運営ガイドラインなど）の協議となっていきました。

そのような状況下で、無事にリーグ戦が行われるのか誰もが予測できない中、開催できても各チーム間での公平性（試合間隔やホーム＆アウェーの順番等）を確保することは難しいのではないかとの考えから、実行委員会でシーズン終了後の降格はなしと決議されました。

私自身、当初よりこの非常事態時において降格はなしと主張していましたが、決議された後、残留確定に喜んだものの、果たしてそれが良かったのか複雑な気持ちになったのも正直なところです。

自らを律して、内面的なモチベーションを高めて、向上意欲をもって挑むことができれば、仲間や地域と喜びや悔しさを強く共感できるものだと思いますが、まだまだ外的要因が必要なクラブなのかもしれないと感じているところもありました。もしかすると、この私の気持ちが、今シーズンの戦いの中に出ていたかもしれません。

リーグ中断・再開と感染対策

中断期間中は、練習することもできない時期があり、選手たちも悶々《もんもん》とし、不安になった時もあったと思います。改めてサッカーができるのは当たり前でないということを思いながら、地域に支えられていることに思いを馳せ、皆が大変なこの状況に、自分たちに何ができるのかを考えていました。地域に生かされたクラブとして、常に何か恩返しがしたいと考えていましたが、この状況下において、選手、アカデミースタッフ、フロントスタッフはじめ、クラブが一体となって「#こんなときこそたのしめてるか。」プロジェクトと称して、いろいろな活動に皆で取り組みました。

医療用マスク寄贈をはじめとする選手会企画事業、eスポーツ事業、フードパーク事業、物販・グッズ関連事業、オフィシャルクラブパートナー事業、アカデミー推進事業など、27のプロジェクトです。
シーズンチケットホルダー特典のポンチョを医療従事者に寄贈するプロジェクトは、藤沢在住の大学教授からいただいたメールからでした。「テレビを観ていたら医療機関で防護服が不足していると報道していた。特典のポンチョが役立つのであれば、寄贈すれば。俺は使わないから」と。

直後にスタッフからシーズンチケットホルダーの方々にヒアリングしたところ、2720枚の寄贈があり、ホームタウン7カ所の医療機関に寄贈しました。他者のことを思われるサポーターの方のアドバイスから起きたこのプロジェクトは、ベルマーレらしく感じられ、本当にうれしい出来事でした。

密になれないとのことから、多くの人がeスポーツへの取り組みを考えていましたが、我々も当初、神奈川にある6つのJクラブでeスポーツ事業を取り組もうとしていました。せっかくなので、競技を越えて県下のスポーツチームでやろうとお声掛けをし、野球、ラグビー、バスケット、アメリカンフットボール、バレー、女子サッカー、フットサルの15チームが参加しての大会「One KANAGAWA Sports All－Star Cup 2020」を開催することとなりました。大会運営に関しては、ベイスターズの親会社であるＤｅＮＡに大きく関与いただき、いい形で実施することができ、感謝しています。

経費を除いた収益のすべてを神奈川県の「かながわコロナ医療・福祉党応援基金」に寄付しました。同じ県下で活動しながら、つながりの少なかったいろいろな競技のチームに縁が生まれたことは、苦しく厳しいコロナ禍がきっかけではありますが、今後も続けていきたいと考えています。

7月4日に再開したＪリーグですが、我々はベガルタ仙台を迎えて無観客（リモートマッチ）での試合からとなりました。誰もいないスタンド、ベルマーレビッグウェーブのもとでの選手入場もなく、選手はベンチから直接ピッチに向かい、キックオフ前の相手選手との握手なども行わず、キックオフとなりました。

どのチームも同じガイドラインの元に試合運営をしていますので、もちろん受け入れていましたが、正直、何とも言えない気持ち、難しさを感じながらスタジアムにいました。

その後、入場者5000人上限、スタジアムキャパシティの50％上限と制限が緩和されていきましたが、来場されるサポーターには、検温などの体調確認、入場時の消毒等をお願いしながら、声援をすることはできず、周りの人と抱き合ったり、ハイタッチをすることも制限され、大きな負担を強いていました。

12月19日にＪ１の18チームの最終節が行われましたが、途中延期となった試合もあったものの、すべての試合を行うことができたのは、サポーター、来場者の方々がストレスを感じながらも観戦ガイドラインを守ってくださったおかげと、本当に感謝しています。

再開後、結果が出ない試合が続くこともありました。チームは、次の試合に向けて練習に真摯に取り組み準備をしていましたが、試合で躍動しない、溌溂《はつらつ》としていないように見受けられる時間があったとも感じています。

チーム、選手にとって、体制変更、コロナ禍、降格しない等、難しい状況下にありましたが、それぞれが向上心を持って日々の練習に取り組み、他者と向き合っていくことが求められていると感じていました。

我々のスローガンは「たのしめてるか。」です。仲良しの友達に誘われたなど、何かのきっかけでサッカーを始め、最初は仲良しの友達との関係に対する義務感からサッカーをしに行っていたものが、サッカーを好きになる努力をして、好きになって、好きになると夢中になってサッカーをする。

この夢中になってプレーすることが「たのしめてるか。」だと考えています。これは、プレーすることに限らず、夢中になって応援すること、夢中になって仕事することも同じです。夢中になって働く人、夢中になってプレーする選手たちがいるスタジアムには、夢中になって応援する人が集まってきます。

これが我々の「たのしめてるか。」です。コロナ禍で難しいところはありますが、この空間を取り戻すこと、真価を問われていると考えています。

２０２０シーズンリーグ戦で、１点差の敗戦が14試合ありました。声をからして叱咤激励する声援ができなかったことが影響しているのではないかと思う時があります。ガイドラインで声を出しての応援が制限されているので守らなければなりませんが、サポーターと共に試合をする我々にとっては、大きく影響していたのではないかと感じています。

クラウドファンディング

新型コロナウイルスの影響を受け、入場制限がされ、入場料収入をはじめ、収入源の先が見えない状況になり、経営的にも先が読めなくなりました。

そんな中、大変にうれしく、ありがたかったのは、ほとんどのパートナー、サポートコーポレーションの方々から、「今年はいいよ」と、ご自身の社も大変な中、試合が行われるか否かわからない中、現状維持としていただいたことには感謝しかありません。「来年はわからないよ」と釘を刺されたことももちろん覚えていますが。

また、シーズンチケットホルダーの方々には、入場制限とともにチケットが使用できない旨、払い戻しのご案内をしたのですが、権利を放棄し、払い戻しを求められず寄付いただく方もたくさんいらっしゃり、本当にありがたく、社員と何度も「感謝しかないね」と話をしていました。

それでも25億円の売上予算に対して4億から5億円は売上が減ることが想定され、経費削減を図っても厳しく、何かせねばと考え、当初よりクラウドファンディングは頭の中に浮かんでいました。ただ、以前、フットサルチームで実施した際に、集まりが芳しくなかった記憶が強く、踏み切れずにいました。

経費削減は、トップの選手にも依頼をすることになるのですが、オンラインミーティングで私から選手に経費削減の依頼をした際に、皆、理解を示してくれました。その上で、馬渡和彰から「削減はわかりましたが、稼ぐ策、クラウドファンディングとかしませんか？　協力します」と言われ、背中を押されました。

彼の知り合いの経営者から紹介された方のプラットフォームで「ONE BELLMARE　湘南ベルマーレクラウドファンディング」を実施しました。同じプラットフォームで実施していた、鹿島アントラーズや浦和レッズが目標金額1億円だったので、我々として2000万円くらいがいいところではないかと考えていましたが、運営会社の人から5000万円は行けますと熱く言われ、自信を持てないまま目標を設定しました。

今となれば、周囲のパワーを理解できていなかった自身を恥じています。8月30日のＷＥＢでのクラブカンファレンスの時に、クラウドファンディングを実施する旨を公表し、ご説明しました。

正直、チームが勝てていない状況でのスタートでしたので不安もありましたが、初日から大きな反響をいただきました。日々、数字が増えていくパソコンの画面を見ながら、ドキドキワクワクし、それ以上に、参加された方のコメントを読んで、胸が熱くなり、しっかり努めなければと襟を正す思いでいました。

結果、1カ月後の9月27日には5000万円の目標をクリアし、最終的には8510万8380円、参加者は4541人と、本当に大きな力をいただきました。感謝しかありません。

このクラウドファンディングの力を得て、地域の方々、支援者の方々のご支援をいただき、選手、スタッフ、アカデミースタッフ、フロントスタッフの理解、取り組みがあって、2020年度(2021年3月決算)は収支均衡で終えることができそうです。心より御礼申し上げたく思います。

また、ここ数年、特に若い選手の移籍による違約金が収益源のひとつになってきていることも、我々の方向性を示していると考えています。もちろんそのポジションを争う若い選手の発掘、育成は大きなテーマとして取り組んでいきます。

お陰様で何とか乗り越えられた２０２０年シーズンですが、新たに迎えるシーズンは、現場、経営とも厳しいものになるだろうと想定し、覚悟を持って取り組みます。

世界中の企業に経営難をもたらしている新型コロナウイルスですが、我々は地域の方々、支援者の方々に支えられて運営、経営することができています。組織が生き延びるためにリストラをせざるを得ない状況になることや、リストラを促されることがあるかもしれませんが、私が大切にし、勇気づけられている言葉があります。メルディアグループ三栄建築設計代表取締役社長小池信三氏が、リーマンショックで大変な状況下、社内で発した言葉です。

「社員の一人でもリストラしたらおしまいだ。その一人も守れないんだったら、もう家づくりしたくねえな。みんなも家族がいるのに、その家族を守れない経営者なら、やっている意味がねえな」と書かれています。（『家づくりの美学――「夢をかたちに」した三栄建築設計の経営哲学』全国「快適住まい」調査会著より）

激しく共感し、何のために働いているのかを考えさせられます。仕事をしていく上で、自己実現などは非常に大切なことであり、一つの向上心の持ち方だと思いますが、自己実現した先に、何かが、誰かが幸せになる、元気になるといったものがあればいいなと感じます。

自分だけ、自社だけが良ければいいという空気を感じる時がありますが、残念に思います。ベルマーレフットサルチーム所属の久光重貴は、闘病しそれだけでも大変なのに、常に他者を思い、行動する人間でした。

フットサルリボン活動

久光重貴は、2013年のFリーグのメディアカルチェックで肺に影がみられ、精密検査の結果、右上葉肺腺癌と診断されました。当時32歳だった彼は動揺していましたが、私自身、何をどうすればいいのか考えることも動くこともできませんでした。それでも彼は、はじめに入院した時から、同部屋の患者さんに声を掛け、マッサージを教えて、部屋を明るくしていました。診断された直後で動揺しているにも関わらず、同部屋の患者さんを思いやる姿勢が、小児病棟の慰問活動につながっています。

小児がんなどを患い、入院している子どもたちは、なかなか外に出ることができず、本物の新幹線や飛行機などを見る機会がありません。そこに本物のフットサル選手である久光が、狭いスペースで短い時間でも子どもたちと一緒にボールを蹴ってくれるということは、本当に嬉しいことだとドクターから言われました。

本物のフットサル選手に触れ、ボールを蹴ることで子どもが笑顔になり、その子どもをみた親が笑顔になり、親が笑顔になると看護師さんが笑顔になると、笑顔の連鎖が生まれます、と。自身が闘病している中、できることを探し、少しでも周囲が明るく元気になればと活動していました。

フットサルリボン活動として取り組んできたこの活動を、彼の志を引き継いで、今後も続けていきます。２０２０年に湘南ベルマーレがヤフートピックスに掲載されたのは、ＴＥＡＭＭＡＴＥ活動と久光逝去の報でした。長期療養の子どもを支援する「ＴＥＡＭＭＡＴＥ活動」も久光の縁で始まっています。12月24日の葬儀には５００名を超える方が弔問に来られ、彼の人柄、尊い活動をあらためて強く感じました。彼からは与えられるばかりで、何も返すことができませんでしたが、他者のことを常に思うその志を継いでいこうと意を新たにしました。

先へ「たのしめてるか。」

このシーズンオフに、齊藤未月がロシアへ、鈴木冬一がスイスへ旅立っていきました。ベルマーレから直接、欧州へ行く姿は、チーム事情を考えることはあるものの、本当に嬉しく、クラブミッションである「夢づくり、人づくり」に通じているものです。

国際化をテーマとして掲げていますが、選手はきっと当たりまえのように国境を越えていくので、クラブがその感覚についていかなければと考えています。そしてアカデミーの活動をさらに充実させて、子どもたちがそこに夢を見ながら、切磋琢磨して成長し、周囲に刺激を発散していく空間を創造し、欧州の舞台で、「湘南スタイル」で躍動する選手に勇気づけられたり、目指したりしていく。そんな循環を生み出していきたいと思います。

社長就任後、降格、昇格、ルヴァンカップ優勝、ハラスメント問題、入替戦、新型コロナウイルスといろいろなことがありましたが、2019年のハラスメント問題では、組織をまとめ導くことができずに力不足を痛感し、2020年のコロナ、久光との向き合いでは無力さを強く感じました。もっともっと私自身が学び精進し成長していかねばなりませんが、今後、どんなことが起きても、受け止め、正面から向き合って、明るく努めていきたいと思います。

そして、クラブに関わる仲間とひとつになって、一体感を創造して歩み、活動していくことにより、クラブに触れた人が、その空間が、明るく元気になっていくと考えています。そのために、それぞれが自身を知り、しっかりと自身の足で立って、おせっかいに他者に絡んでいくことが求められています。

無観客で行われた試合の時に、見上げた空席のスタンドを見て、高校生の頃に観戦に行った日本リーグを思い出しました。もちろん空席ではありませんでしたが、お客さんは本当に少なかったのです。

その後、この業界に入って知ることになりますが、その試合環境の時に、「日本でワールドカップをやろう」、「プロリーグを作ろう」と本気で思い行動していった人たちがいて、実現していったことです。

周囲の人からは信じてもらえなかったかもしれません。それでも仲間と夢を持って、夢に向かって本気で取り組み突き進んでいく。そんな先人たちに少しでも近づけられるよう、夢中になって走り続けます。

「たのしめてるか。」

水谷　尚人（みずたに　なおひと）　株式会社湘南ベルマーレ　代表取締役社長

1966年生まれ
1989年　早稲田大学卒業、リクルート入社
1992年　リクルート退社、日本サッカー協会入職
1996年　2002年ＦＩＦＡワールドカップ日本組織委員会出向
2002年　日本サッカー協会退職、ＳＥＡ設立、湘南ベルマーレ強化部長就任
2004年　SEA Global設立
2010年　湘南ベルマーレ取締役就任（2012年まで）
2013年　湘南ベルマーレスポーツクラブ理事長就任
2015年　湘南ベルマーレ代表取締役社長就任、湘南ベルマーレスポーツクラブ理事長退任

池田　タツ（いけだ　たつ）　スポーツライター

1980年、ニューヨーククイーンズ生まれ。ロンドン留学後、サッカーメディア業界へ。初代サッカーキングハーフ・タイムMCを経て、現在はフリーランスとして、編集、ライティング、インタビュー、映像制作及び配信と、幅広く活動中。

たのしめてるか。
湘南ベルマーレ2020フロントの戦い　問われる真価

〈検印廃止〉

著　者　水谷　尚人・池田　タツ　共著
発行者　桃井　克己
発行所　産業能率大学出版部
東京都世田谷区等々力6-39-15　〒158-8630
（電話）03（6432）2536
（FAX）03（6432）2537
（振替口座）00100-2-112912

2021年　3月30日　初版1刷発行

印刷所・製本所　渡辺印刷

（落丁・乱丁本はお取り替えいたします）　ISBN978-4-382-05797-5